講談社選書メチエ

587

# 海洋帝国興隆史

ヨーロッパ・海・近代世界システム

玉木俊明

MÉTIER

目次

# 序章

# 地中海・北海・バルト海・大西洋

## なぜ「陸」ではなく「海」だったのか

ヨーロッパはなぜ、海上ルートで対外進出をしたのだろうか？

このような疑問は、不思議なことに、日本の西洋史学界では、これまで出されたことがないように思われる。一五世紀半ばにはじまった大航海時代以来、ヨーロッパが海上ルートによって他地域に進出していったことは、いわば自明の前提であった。そのためもあってか、なぜ海上ルートによって対外進出していったのかということは、議論の対象になっていない。

しかし少し考えれば、ヨーロッパの海を通じた対外進出は、簡単に自明のことだといえるものではないことがわかるはずである。そもそも、ヨーロッパの大部分は「ヨーロッパ大陸」に位置する。「大陸」というが、より正確には、ユーラシア大陸から突き出た半島を指す。アジアと陸つづきであるのだから、陸上ルートでアジアに進出してもよさそうである。

ヨーロッパ以外に目を向けると、モンゴルやイスラーム勢力の拡大は、主として陸上ルートによった。中国の領土拡大も、基本的には陸上ルートであった。大艦隊を有したオスマン帝国でさえ、陸を通じて領土を拡大させたといえよう。やや乱暴な一般化を用いるなら、東南アジアをのぞくアジアの拡大は陸上ルートで、ヨーロッパの拡大は海上ルートでなされた。しかも東南アジア諸国の船が、ヨーロッパまで進出したわけではない。むろん、世界を制覇するにはいくつもの大陸に行く必要があるのだから、海と無関係な対外的拡張はありえないが、ヨーロッパの海外発展と、世界を制覇したのはヨーロッパだけであったという事実の関係は、見逃されるべきではない。

ヨーロッパと海の関係を探究することは、世界史上きわめて重要な意義がある。さらに、ヨーロッパの海上ルートによる拡大には、自然環境が大きく作用した。

ヨーロッパは、北海・バルト海・地中海・大西洋によって囲まれている。これらの海による制約から解き放たれ、世界のありとあらゆる地域に乗り出したのは、一九世紀の帝国主義時代のことであった。

比較的最近まで、海は、人びとにとってとてつもなく恐ろしい場所であった。一五世紀半ばから一七世紀半ばまでつづいた大航海時代の主要な探検家のうち、ヴァスコ・ダ・ガマはインド南部のコーチンで死んだ。マゼランは世界一周の途中で、フィリピンで殺された。一八世紀イギリスの探検家キャプテン・クックは、ハワイで先住民に殺された。海で死ぬことはふつうであったし、遠洋航海に行こうものなら、さらに大きな危険に遭遇することはまちがいなかった。英蘭の東インド会社の職員としてアジアに渡るとなれば、二度と故国の土を踏めないと覚悟しなければならなかった。

一九世紀になっても、依然として、海は非常に危険であった。たとえば、一八六三〜七〇年に、デンマーク沿岸だけで合計九一七隻の船舶が座礁している。さらにたった一回の嵐で二〇〇隻近い船舶が座礁することもあった。船舶での労働条件は劣悪であり、船乗りが船から落ちて、足を折ったり、眼窩《がんか》が割れたり、歯が欠けたり、顎が叩き潰されることがあった。それればかりか、船から積荷を載せたり降ろしたりするときに、船倉に落ちる危険性さえあった。強風によってデッキが「水死者のたば」になることも稀ではなかった。

にもかかわらず、ヨーロッパ人は海に乗り出し、最終的には、アフリカやアジアのかなりの部分を植民地化ないし半植民地化することになった。

本書で論じられるのは、その過程と理由である。序章ではまず、ヨーロッパを囲む海の自然環境について言及する。それに関する知識がなければ、ヨーロッパ人が経験した航海がどのようなものであったか、想像することができないからである。さらに、ヨーロッパ人が作製した世界地図を素材として、彼らが、どのような自己認識をもっていたのか、考えていくことにしたい。

## ヨーロッパの内海——バルト海と地中海

ヨーロッパは海を通して拡大していった。換言すれば、ヨーロッパを囲む海の自然条件をコントロールすることで、ヨーロッパ人は別世界に乗り出すことができたのである。

ヨーロッパを囲む海とは、北海・バルト海・地中海・大西洋である。まずこの四つの海の面積を比較してみよう。北海は約五七万平方キロメートル、バルト海は約四〇万平方キロメートル、地中海は約二五〇万平方キロメートル、そして、大西洋ははるかに大きく、約八六六〇万平方キロメートルである。

地理学的により正確にいうなら、ヨーロッパはこれらの海に囲まれた「半島」である。その気候は、当然、この四つの海の影響を受けている。

バルト海と地中海は、面積は大きく異なるが、どちらも内海、すなわち「地中海」である。そもそも「地中海」とは、周囲を陸で囲まれた海のことであるから、ここでいう地中海とは、本来なら「ヨーロッパ地中海」というべきであろう（しかし本書では、一般に倣《なら》い、単に「地中海」とする）。

バルト海は北緯五四〜六六度と高緯度にある。バルト海北端の都市であるフィンランドのトルニオは北緯六五度にある。樺太の南端が北緯四五度、北端が北緯五四度であることからわかるように、樺太よりもさらに北にある。日照時間が短いため、海水はあまり蒸発せず、塩分濃度は低い。したがってこの海から天日にさらして塩をとることは難しく、沿岸に住む人びとは、他地域からたえず塩を輸入する必要があった。

一方、地中海は、水の流入量は少なく、気温が高く乾燥した気候のため、海水はたえず蒸発しており、塩分濃度は高い。それゆえバルト海と異なり、塩の輸出地域となった。

このように、バルト海と地中海の気候は、大きく異なる。この二つの海は、それぞれが必要としているものを互いに交換した。それは、第二章の課題となる。

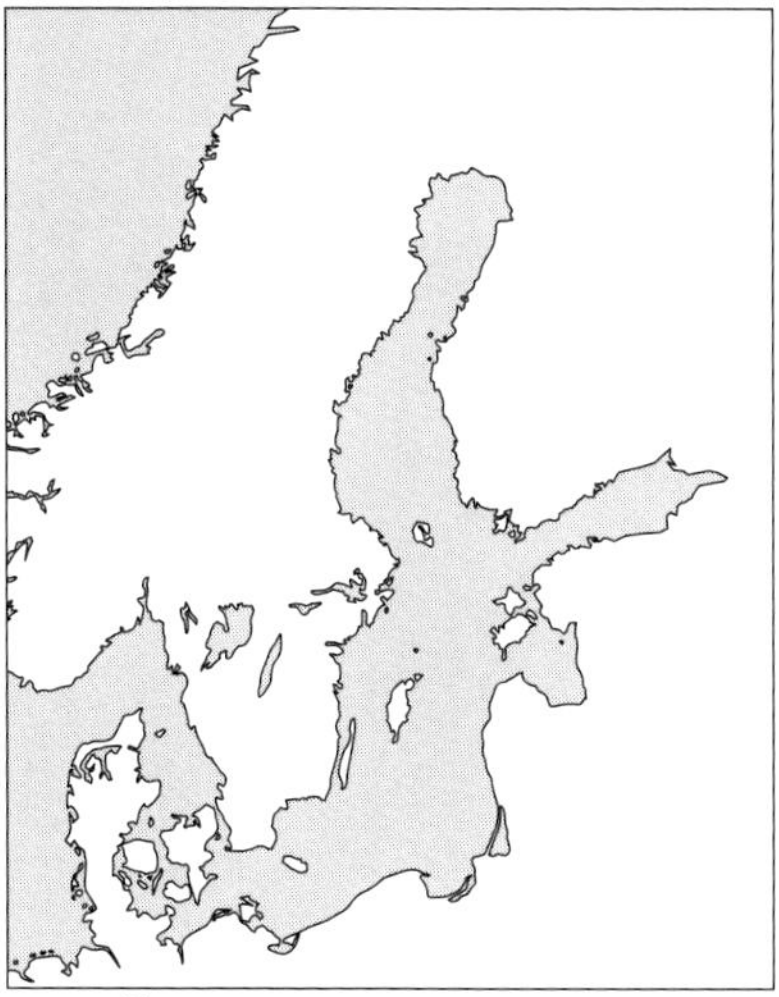
バルト海

ほぼ一万三〇〇〇年前に、ヴァイクセル期として知られる最後の氷河時代が終わり、氷河が融解し、バルト海に大量の水が流入した。紀元前九〇〇〇年頃までは、バルト海はアンサイルス湖と呼ばれる湖であったが、このときに北海とつながり、こんにちのバルト海の原形ができた。さらに紀元前六〇〇〇年頃には、北アメリカの氷冠が溶け、地球規模での海面の上昇があり、その水がバルト海にも入ってきた。それにひきつづいて土地が隆起した。そのため、この海の出入り口付近の土地の面積は広くなり、出入り口となる海峡の面積はより狭くなった。

バルト海は、じつは南北に長い海である。それは、スウェーデンとフィンランドに囲まれ、バルト海北部に位置するボスニア湾がいかに広いかということを示す。近世になると、ボスニア湾からストックホルムをへて、西欧諸国に造船資材として重要なタール（船板に目張りをする）が輸出されるようになった。さらにバルト海地方からは、索具として使用される亜麻や麻、造船資材としての木材、船舶に使用される碇や釘などに使われる鉄が西欧へと輸出された。それらは、西欧の海上発展に欠くことができない資材であった。

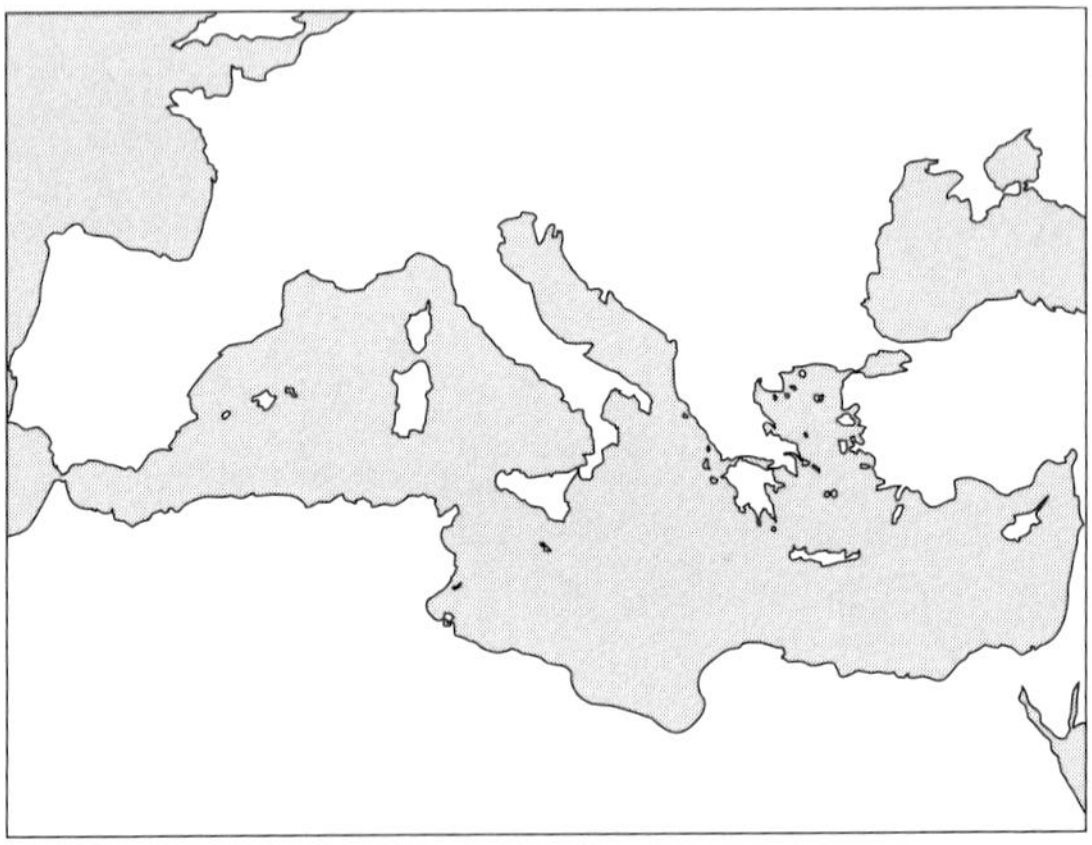

地中海

バルト海に対し、こんにちの地中海の原形が形成されたのはそれよりはるかに古く、中新世末期のメッシーナ期（七二〇万〜五二〇万年前頃）のことであった。この時代に一時的に大西洋と切り離された地中海であったが、大西洋と地中海はつながり、現在にまでつづく地中海が生まれた。地中海では、沿岸航海が発達し、大航海時代になり、羅針盤が導入されてからもつづいた。沿岸航海をやめる、合理的な理由がなかったからである。

地中海は決して暖かい海ではないが、バルト海はかなり寒い海である。さらに、北欧の川は冬になれば凍る。近世までの北欧商人は、冬になると、氷結した川を使って移動をした。

地中海の平均水深は約一五〇〇メートルと、バルト海の約五五メートルにくらべるとはるかに深い。しかも、その面積はバルト海よりもはるかに大きい。したがって、大規模な貿易が可能になった。古代のフェニキア人の海上ネットワークは非常に大きく、ローマ帝国やビザンツ帝国が広大な領土を有することができたのは、それに由来する。だがその広さは、帝国の維持を困難にさせ、維持するためのコストを莫大なものにさせた。

中世後期から近世にかけてのヴェネツィアは、広大な領土を有したが、それを長期間維持することは不可能であった。近世までの航海技術では、地中海は決して一つの帝国が超期間にわたり支配できるほどの「小ささ」ではなかったのだ。

地中海の海流は、基本的にヨーロッパからアフリカ側に流れる。だから、帆船を使ったなら、比較的容易にアフリカに到達できる。古代ローマが地中海帝国を築けた要因は、ここにも見出せるかもしれない。

## 切り開かれた地中海の森林

一見、地中海の方がバルト海よりも豊かな地域だというイメージがあるが、生態学的には必ずしもそうではない。

そもそも地中海では、フェニキア人以降、古代ギリシア人や古代ローマ人、さらにはイタリア商人やムスリム商人などが商業に従事し、商業活動が活発であった。造船のため森林地帯が切り開かれていき、多くの山が禿げ山となった。地中海には山の中にたくさんの家があるが、これこそ環境破壊の象徴ともいえる。地中海では、一度森林がなくなると、新しく森林地帯として復活することはほとんどない。それに対しバルト海沿岸地帯は、いまなお多くの森林がある。これは、人口密度の違いもあるが、二つの海の生態的相違ということも忘れてはならない。

バルト海と地中海は内海であるため、環境悪化の影響を受けやすく、どちらの海も、環境汚染は深刻になりつつある。

地中海からのアフリカ大陸内陸への進出を妨げたのは、サハラ砂漠であった。東西が五六〇〇キロメートル、南北が一七〇〇キロメートルにわたり、面積は九〇七万平方キロメートルに達するこの砂漠は、ジェット気流の影響を受け、雨がほとんど降らない岩石砂漠である。比較的湿潤だった時代もあったが、約五〇〇〇年前から乾燥化が進んでおり、ヨーロッパの対外進出の妨げとなった。さらにこの砂漠は、土壌劣化の程度が著しい。

## 外に開かれた海——北海と大西洋

北海も大西洋も、外に開かれた海である。内海であるバルト海と地中海とは異なり、富栄養化に代表される環境汚染の影響はあまり受けない。

大西洋経済の開発は、ヨーロッパに大きな富をもたらした。新世界の物産が近世のヨーロッパに大量に流入しなければ、ヨーロッパの発展は考えられなかった。

また北海には、北方ヨーロッパで経済的に重要であったアントウェルペン、アムステルダム、ロンドン、ハンブルクが位置していた。ヨーロッパの資本主義発展には、これらの都市が大きく寄与した。しかもこの四都市と新世界との経済関係は、きわめて大きかった。したがって北海と大西洋の経済的紐帯《ちゅうたい》は、無視できない強さがあった。

北海の形成過程が、バルト海ほどには明確ではないのは、この海が内海ではないからである。とはいえ北海もまた、バルト海と同様、氷河の影響を大きく受けた。北海の海盆《かいぼん》は最後に後退する氷河によって埋まったので、海底からの物質が西側からの風や波の作用で堆積し、海岸で砂州や砂丘が形成された。現在のオランダとベルギーが英語でLow Countries（低地地方）と呼ばれ、海抜ゼロメートル地帯がつづいているのは、そのためでもある。

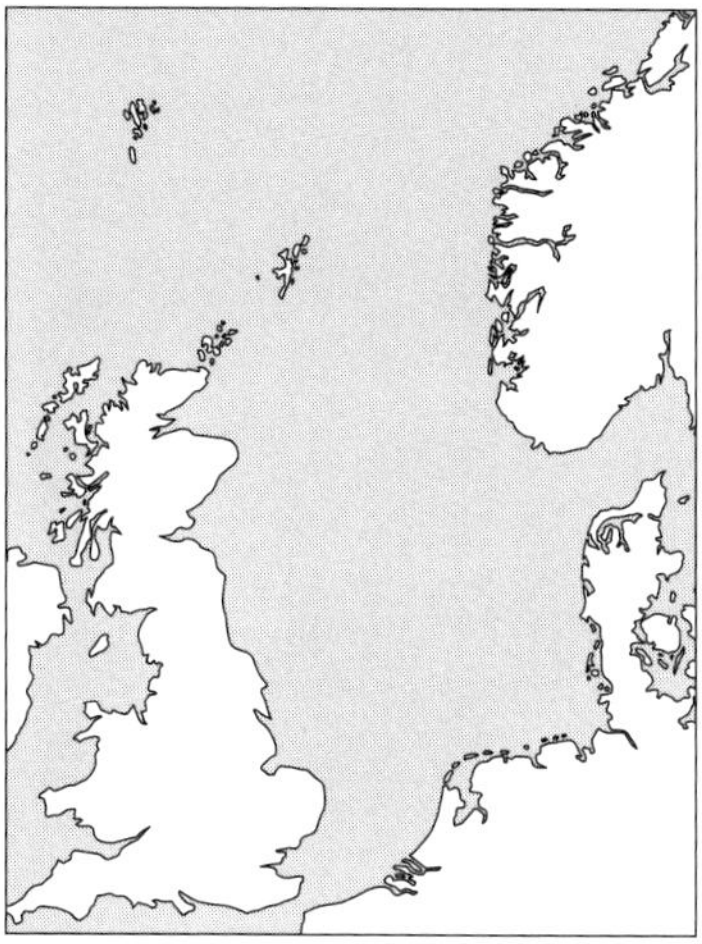

北海

さらに、一一世紀から一二世紀にかけ、世界的に平均気温が一度ほど上昇する温暖期がつづいた。そのため海水面の上昇が各地で生じた。これをダンケルク海進という。そのため低地地方では、洪水により、大きな被害を被った。その影響はイギリスでは低地地方ほど大きくはな

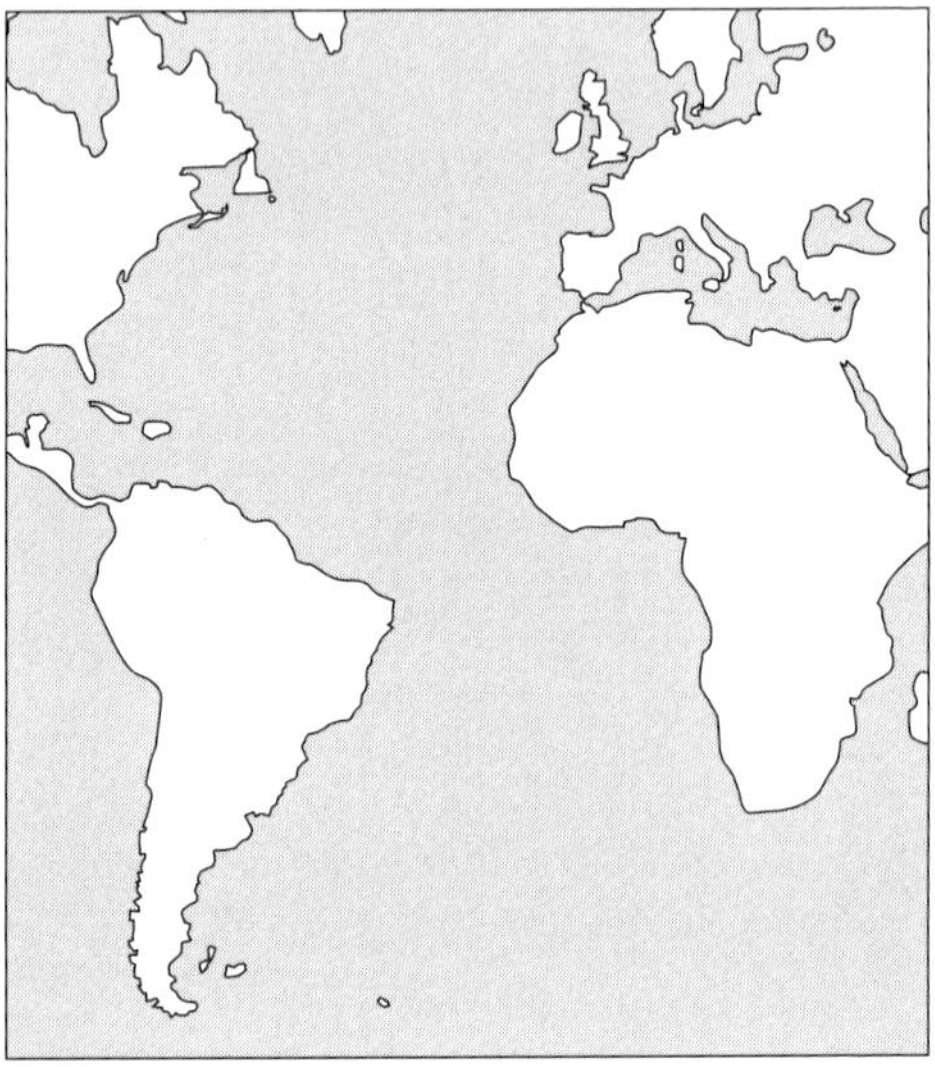

大西洋

かったが、イングランド南東部はその被害を受けた。

北海の平均水深は約九〇メートルと、浅い海である。

北海と同じように、大西洋も、開かれた海である。しかしおそらく、北海ほどには外海からの影響は受けない。その面積はこれまで述べた海よりもはるかに大きい。大西洋の水深は、平均で約三七〇〇メートルに達し、この点でも他の三つの海とは大きく異なる。北大西洋は、北アメリカ大陸とユーラシア大陸の分離によって、南大西洋はアフリカ大陸と南アメリカ大陸の分離によって生じた。それは、今よりも一億年以上前のことであった。

このように、他の三つの海と比較するときわめて古い海であるが、世界の大洋のなかでは比較的新しい海である。そのため、生物の種類はかなり少ない。大西洋ヨーロッパ（イギリス・アイルランド・アイスランド・ベルギー・ポルトガル北部と中部・スペイン北部と北西部・フランス南西部と西部の一部・スカンディナヴィア西部・ドイツ北部の大西洋に接する海域）の一〇〇〇平方キロメートルあたりの真核生物（細胞のなかに細胞小器官がある生物）の種類は三・四しかない。地中海のそれは六・九、バルト海の場合は一四・三である。

大西洋には、いくつもの海流がある。細かくみていくなら、北方ヨーロッパへは、アメリカ大陸からの海流が流れ込んでいる。それに加え、偏西風の影響もあって、ヨーロッパ人にとって、大西洋横

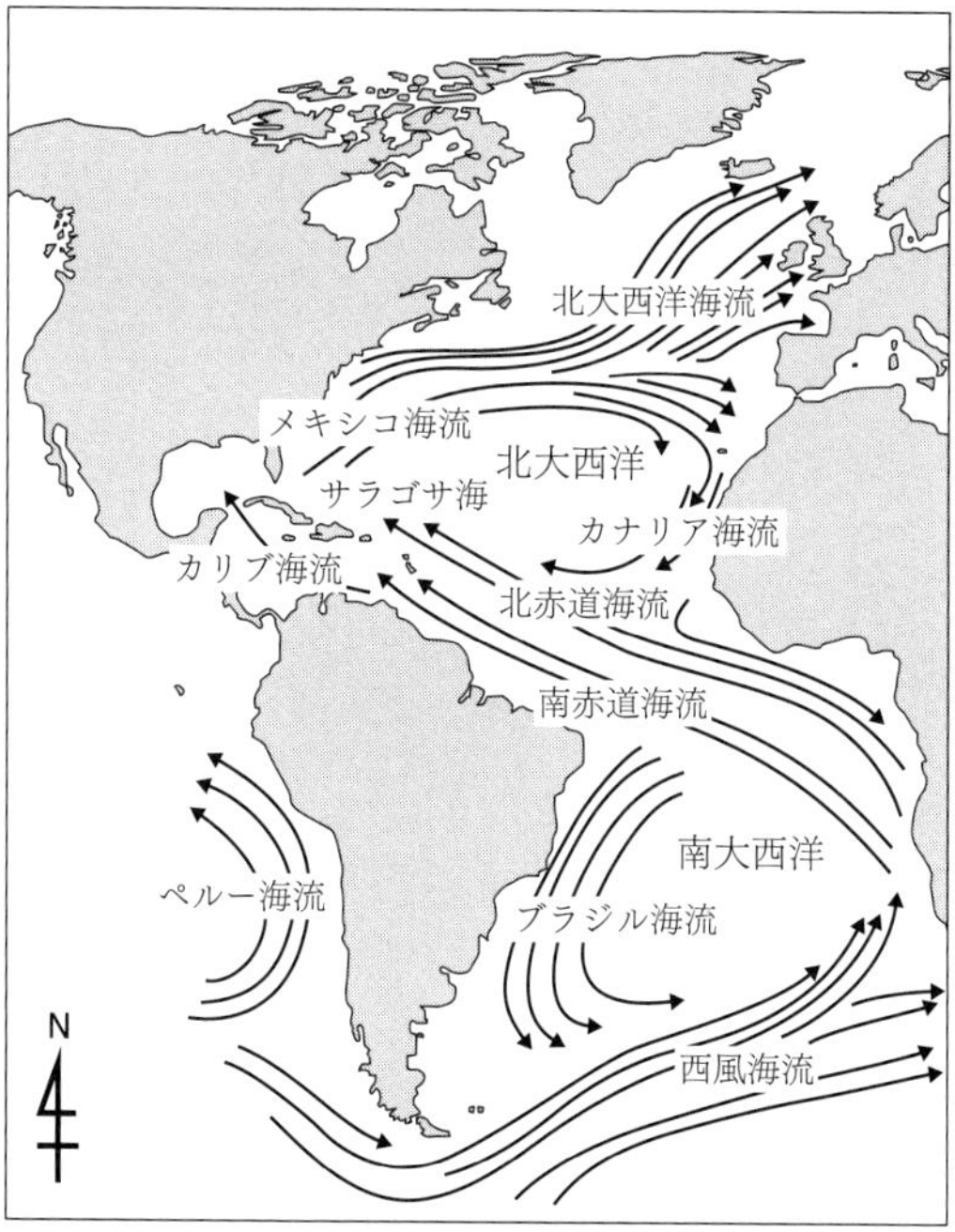


大西洋の海流

断はきわめて難しい事業になった。ただし、ひとたびイベリア半島から下るならば、ヨーロッパからアメリカに向いた海流に乗れる。したがってイベリア半島の国々の方が、アメリカ大陸に向かうには有利である。

そして、アフリカ西岸から海流に乗れば、ブラジルやカリブ海には容易に航海できる。現在の研究では、すでに紀元前一五〇〇年頃から、西アフリカの黒人が西インド諸島に向かったことが明らかになっているが、それはこの海流に乗れたからであろう。また、西アフリカ出身の黒人を、大西洋を横断して輸送することは、この海流があったからこそ可能になった。

## ヨーロッパが一つの市場を形成できなかった理由

奇妙なことに、アジアから西側に突き出た半島は、伝統的にヨーロッパ「大陸」と呼ばれる。この大陸は、アルプス山脈によって二つに分かれる。アルプス山脈は、ヨーロッパ大陸の中央部よりやや南側に位置する。そのため、アルプス以北(北方ヨーロッパ)の川は、地中海側のヨーロッパの川にくらべて長い。たとえばドイツを通り、北海に流れ込むライン川は全長約一二三三キロメートルあるのに対し、イタリアのポー川は約六五〇キロメートルである。北海・バルト海と比較すると、地中海の後背地は狭い。

アフリカ大陸は、何億年もかけて徐々に北に移動し、ヨーロッパに侵入しつつある。その過程で海洋堆積物の褶曲《しゅうきょく》と隆起が生じ、アルプス山脈が形成されたのである。アルプス山脈には、モンブランを筆頭に、四〇〇〇メートルを超える山がいくつもある。そのため、この山脈を越えて南北を行き来することは容易ではない。

ヨーロッパが、なかなか一つの市場を形成できず、北方ヨーロッパと地中海の二つの経済圏に分かれたのは、それが一つの理由であった。第二章で示すように、北海・バルト海商業圏と地中海商業圏が統一されるのも、むろん、海を通じてであった。

地中海はバルト海と比較してはるかに大きな海であったにもかかわらず、より早く統一した商業圏を形成できたのは、メソポタミアという文明の揺籃《ようらん》の地に近かったという地理的要因も無視できない。フェニキア人や古代ローマ人が植民活動をおこない、地中海を一つの商業圏として統一していった。おそらく、アルプスを越えるよりも、地中海内部で商業活動をおこなう方が、容易だったからであろう。

このような一体性は、七世紀以降のイスラーム勢力の台頭によって瓦解する。たしかにムスリム商人とヨーロッパ人商人による交易はあったが、アフリカ北部が軒並《のきな》みイスラーム勢力の支配下に置かれると、古代に存在していたような、地中海世界の統一性はずいぶんと弱まった。しかし、イタリア商人とムスリム商人はやがて取引を開始する。中世のうちに、地中海での異文化間交易がはじまった。

## ヨーロッパという意識——ヘロドトスの地図からヴァルトゼーミュラー図へ

そもそも「ヨーロッパ」が何を指すのかということも、これらの海と大きく関係していた。

古代ギリシア人にとって、北海・バルト海・大西洋は未知の海であったといえよう。彼らにとっては、東地中海が海のほぼすべてであった。

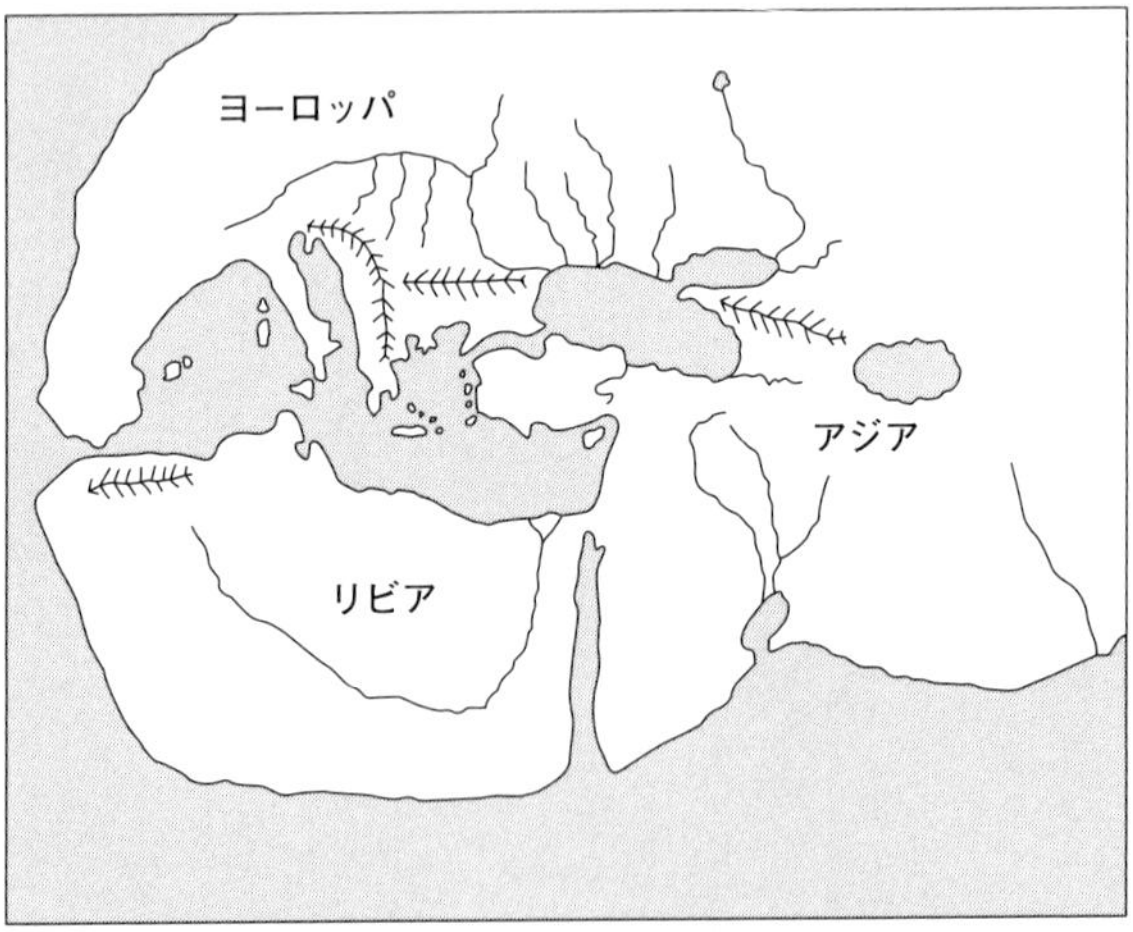


ヘロドトスの世界地図

出典：藤縄謙三『歴史の父　ヘロドトス』新潮社、1989年、123頁。

　したがって歴史家ヘロドトス（前四八四年頃〜前四二五年頃）の地図をみると、北海・バルト海・大西洋は描かれていない。むろん、ブリテン諸島もここにはない。古代ギリシア人の世界とは、これだけの広がりしかなく、ヨーロッパはその三分の一程度を占めたにすぎない。しかしこのときすでに、ジブラルタル海峡は発見されており、地中海に関しては比較的正確な情報がある。彼らにとってのヨーロッパ（ギリシア語でエウローパ）とは、この地図の左上に描かれた地域であった。

　ヘロドトスの地図から六〇〇年ほどたった紀元一五〇年頃に作製されたプトレマイオスの世界図をみると、ヨーロッパ大陸の地理が、はるかに鮮明になっていることがわかる。もちろん、古代ローマ帝国の植民地支配が拡大したからである。しかしまだ、北海・バルト海は明確には描かれていない。

　アフリカの姿も不明瞭である。まだ、喜望峰が発見されていないのだから、当然のことである。そ

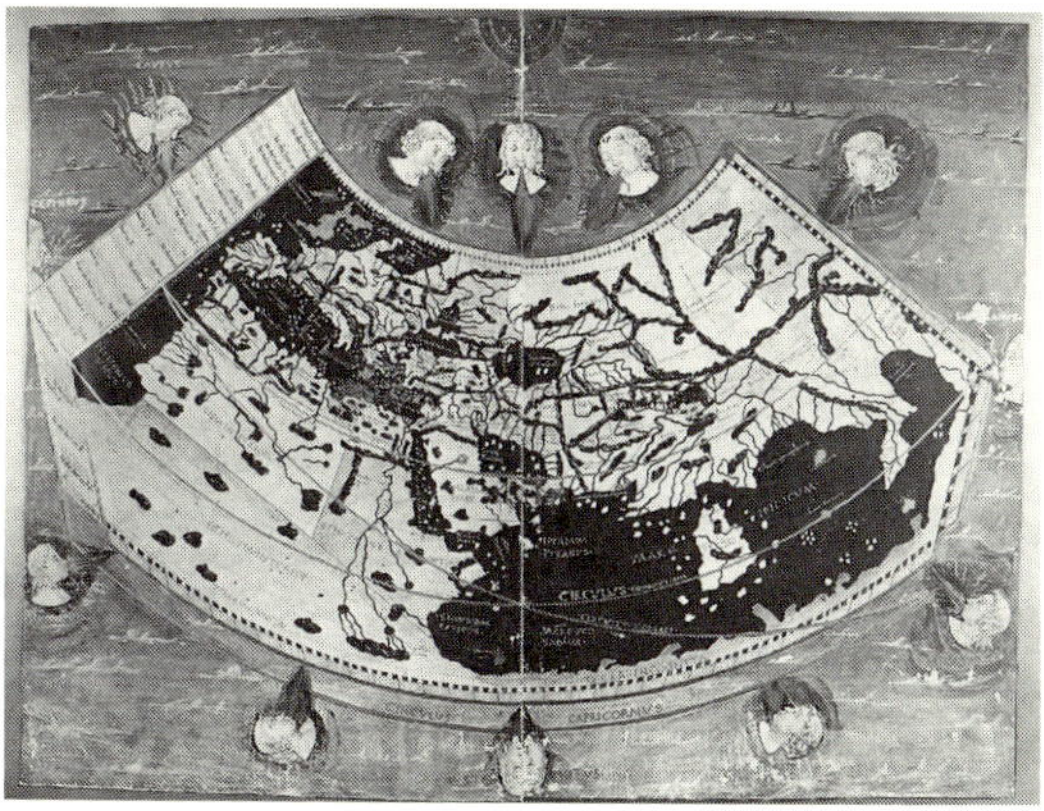

プトレマイオスの世界図
（15世紀以降。レオナルド・ダ・ヴィンチ博物館蔵）

の一方で、アジアが比較的明確に描かれていることに注意すべきである。

紀元四〇〜七〇年頃に完成したと推定される『エリュトラー海案内記』は、ローマ帝国とインドとの貿易をおこなう商人のためにギリシア語で書かれた。この書物では、アフリカ東岸、紅海、ペルシア湾、インダス川、セイロン（スリランカ）、マレー半島、中国について言及されており、同書は、この時代のインド洋貿易を知る貴重な史料である。ヨーロッパ人は、大西洋よりもアジアに関する知見をはるかに多くもっていたのである。

現在では、中世を「暗黒時代」と考える歴史家はいない。しかし世界地図の作製においては、中世においてはほとんど進歩がない。この点においては、中世はまさに暗黒時代である。大きな進歩が現れるのは、大航海時代のことにすぎない。一四五九年にヴェネツィアの修道士フラ・マウロによって作製されたフラ・マウロ図において、はじめてヨーロッパの地図に日本が描かれたといわれる。

ヨーロッパの姿がかなり正確になり、地中海ばかりか、北海・バルト海も比較的正確に描かれている。むろん、まだアメリカ大陸は描かれていない。

フラ・マウロ図

アフリカの東端も描かれており、この大陸に対する知識が正確になっていったことが読み取れる。

一四九二年に、コロンブスによって新世界が「発見」されると、新世界に関する情報は、瞬く間にヨーロッパに広まった。一五〇七年に作製されたヴァルトゼーミュラー図では、かなり不正確ながら新世界が描かれていることからも、それがわかるであろう。大西洋の存在がはっきりと理解されていることが、これまでの地図との際立った差異を示す。ヨーロッパ人は、短期間のうちに大西洋の重要性を理解したのかもしれない。東洋の図はまだ不正確ではあるが、アフリカ大陸まわりで東洋に行けることが、はっきりとわかったことも読み取れよう。このことからもわかるように、ヴァルトゼーミュラー図は、真の意味での最初の世界地図の一つである。

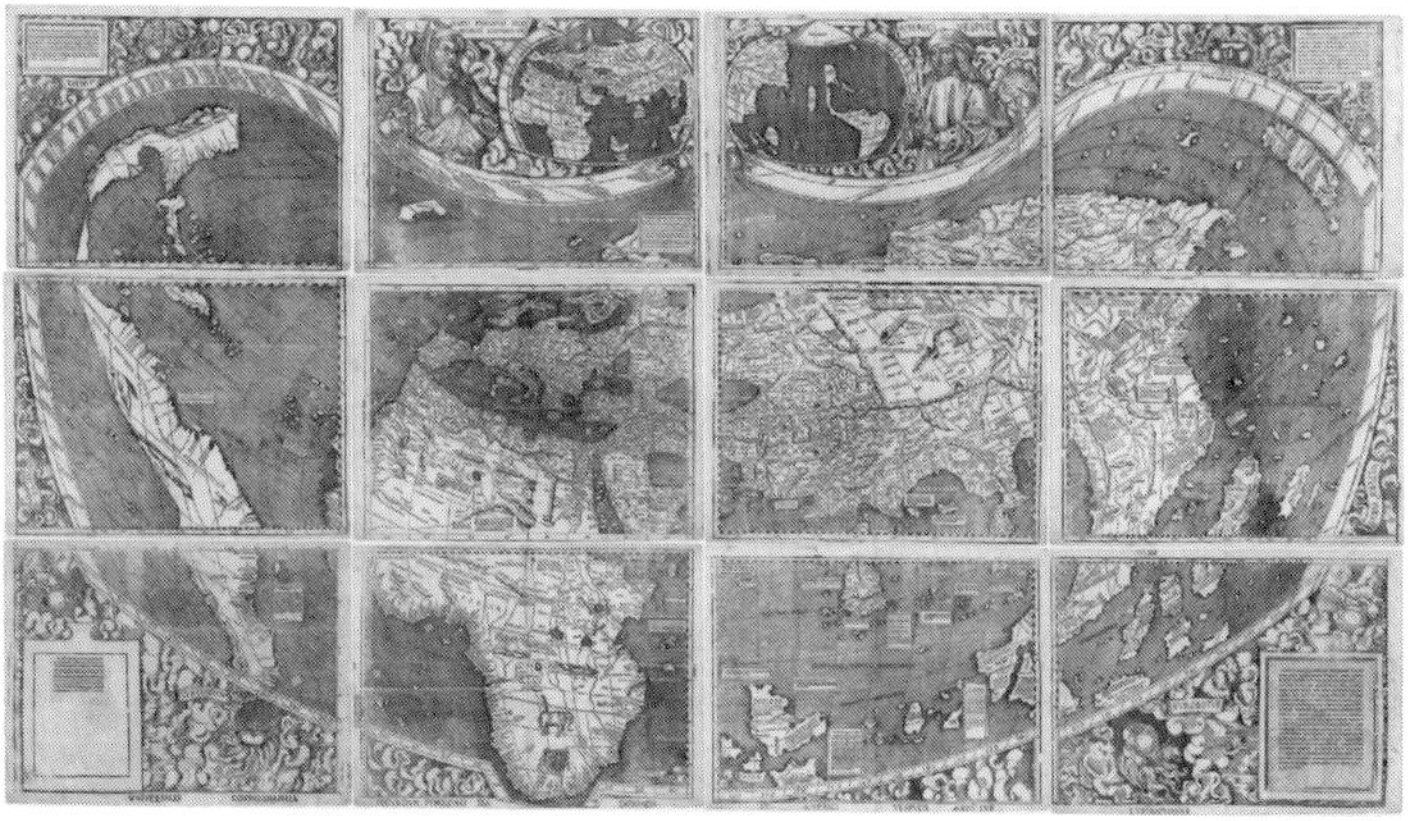

ヴァルトゼーミュラー図

ヨーロッパ人は、まず地中海、ついで北海・バルト海、そして大西洋を明確に意識するようになった。もとより、ここに紹介した地図は地中海の人たちの手によるものであるので、北方ヨーロッパの人びとの意識は、これとは違っていたと想定されよう。しかしながら、ヨーロッパの知識社会の中心が地中海にあったことを考えるなら、このようにまとめても、大きな問題はないであろう。

## ヨーロッパの劣等感

古代から中世のヨーロッパ人にとっては、地中海でさえあまりに大きな海であった。

しかしその地中海とくらべてさえ、大西洋は約三五倍もの面積があるのだ。大西洋の海流や風向きは、ヨーロッパからアメリカ大陸に向かうためには、決して有利なものではなかった。だからこそ、大西洋貿易の拡大にはずいぶんと時間がかかったのである。

ヨーロッパとアジアの交易は、小規模ではあれ、古代ローマ時代にすでに存在していた。アジアは、ヨーロッパ人にとってなじみがある貿易地域であった。

ましてやアフリカは、古代ローマ人やフェニキア人によって多数の植民市が建てられた地域であった。そもそも古代のヨーロッパ世界とは地中海世界を意味し、ヨーロッパ人とアフリカ人との接触は珍しいものではなかった。だからこそ近世になってシェークスピアが、イスラーム化した北アフリカの先住民ムーア人を主人公にした『オセロ』を書くことができたのだ。

北方に目を移すと、北海・バルト海ともに中世にはヴァイキングが活躍し、その後、ハンザ商人が活動する場となった。したがってこの二つの海は、ヨーロッパ人が慣れ親しんだ海であった。また、彼らが出会った人びとは、ほぼすべてヨーロッパ系であった。

アメリカ大陸は、それとはまったく異なった姿をみせた。

ヨーロッパ人はアメリカではじめてインディオに出会った。人間は、まったく未知の人に会って、自分とは何かを深く知る。新世界の「発見」で、ヨーロッパ人は自己認識を大きく深めたはずである。

ヨーロッパは、自然の恵みという点では、決して豊かな地域ではない。近くの森に行けば、天然の果実が簡単にとれるということはなく、増大する人口を養うためには、農業の発達が不可欠であった。

ヨーロッパ人は、他地域の方が豊かだと感じていたのではないだろうか。だからこそ、東南アジアから香辛料を輸入し、日本《ジパング》を黄金の国と呼んだのであろう。さらに、新世界原産のジャガイモ・トマトなどを輸入した。

ヨーロッパ人はまた、イスラーム勢力の拡大におびえていた。軍事力を用いて彼らを打ち破ることは困難であった。そのため、東洋のどこかの国にプレスター・ジョンというキリスト教の国王がいるという伝説が広まっていったものと思われる。プレスター・ジョン伝説が広まったのは、ヨーロッパが十字軍で苦戦していた一二世紀中葉のことであった。この頃のヨーロッパ人は、イスラーム世界の方が、軍事的にも文化的にも進んだ地域であるという劣等感を感じずにはいられなかった。だからこそ、イスラームの勢力地域よりも東側にキリスト教の王がいて、イスラーム勢力を打破してくれるという願望が、ヨーロッパで広まったと考えられる。

ヨーロッパ人は、みずからの貧しさ、弱さを自覚していた。ヨーロッパの拡大とは、強くなろうとしたヨーロッパ人の意志のあらわれと、とらえることができよう。ヨーロッパはみずからの貧しさを克服するために、もっと強くなるために、他地域に行って、その地域の産物を略奪し、ヨーロッパにもってくる必要があった。ヨーロッパの対外的拡張は、このような自然環境が大きな要因となった。ヨーロッパが豊かになろうとするには、他地域に向かうほかなかった。

さらにヨーロッパ人が東に向かう場合には、ウラル山脈という大きな障壁があった。さまざまな遊牧民族がおり、彼らに武力で対抗することは不可能であった。とすればヨーロッパ人は、大西洋に乗り出すほかなかったのである。やがて大西洋のみならず、アジアの海にまで進出したヨーロッパは、世界支配をするにいたる。そしてアジアやアフリカ、ラテンアメリカの多くの地域を政治的のみならず、経済的にも従属させることになる。

Maritime History は日本では一般に「海事史」と訳される。この用語の意味は、「海に関係するもろもろの歴史」ということになろう。

欧米の海事史家は、ヨーロッパのアジアへの進出を重視してきた。しかしそれは、「ヨーロッパ人の進出」であっても、アジアに存在していた経済システムを変革し、アジアをヨーロッパに従属させたということではない。海事史は、「海に関係するもろもろの歴史」であるはずだが、海を利用したヨーロッパによるアフリカ・アジア経済の収奪という海事史研究は、不思議なことに、欧米でもほとんどない。

ヨーロッパは、海を通して拡大した。そして、ヨーロッパが世界各地を直接・間接に支配したことが、一九世紀の特徴であった。ヨーロッパと海との関係については、これまで無数といってよいほどの研究が出ている。ヨーロッパ帝国主義の研究も同様である。ただ、それらの研究は、ヨーロッパがなぜ海を通して拡大していき、さらにどのようにして他地域を従属させたのかということをメインとするものではなかったように思われる。海を通して拡大したヨーロッパは、経済的な支配＝従属関係を創出した。この二つの事象は、どのように結びつけられるのだろうか。

次章では、この問題について論じるための出発点として、ウォーラーステインの「近代世界システム」を取り上げたい。

# 第一章

# 「近代世界システム」の限界

## ウォーラーステインの『近代世界システム』

アメリカの著名な社会学者イマニュエル・ウォーラーステイン（一九三〇〜）が『近代世界システム』の原著第一巻を上梓したのは、一九七四年のことであった。やがてこの書物は、賛成反対を含め、大きな議論を巻き起こすことになった。現在では、「近代世界システム」という用語は、日本の世界史の教科書でも使われるほど、人口に膾炙《かいしゃ》した言葉となった。

本章ではまず、『近代世界システム』の翻訳者である川北稔の訳者解説（一九八一年版）をもとに、ウォーラーステインの議論を整理してみたい。

一五世紀末から一六世紀初頭にかけ、「ヨーロッパ世界経済」が誕生した。この「世界経済」とは、あくまで経済上の統一体であって、帝国や都市国家、国民国家のような政治的統一体ではない。

それに対し、帝国というのは政治単位である。それは、比較的高度に中央集権化された政治システムをいう。このような意味での帝国は、過去五〇〇〇年間におよぶ世界史のなかで、どこでもみられた。

帝国が政治的に中央集権化されていたので、富は周辺部から中央部へと流れたが、その反面、このような政治機構には官僚制が不可欠であり、利益が官僚制の維持のために使われることになった。

一六世紀以前の世界経済は、世界帝国（広大な領土を有する政治的統一体）に変質してしまった。中国、ペルシア、ローマの事例がそれにあたる。したがって、その維持のためのコストが莫大であり、経済的な無駄が多かった。しかし、ヨーロッパ世界経済の誕生によって近代世界システムが生まれると、巨大な帝国はなくなる。

世界帝国では、中央が政治的な支配をし、武力を独占する。そのため、内部での競争が起こらない。それに対し近代世界システムが生まれた西欧では、主権国家が並び立ち、競争が発生した。競争のユニットが国家となったのだ。重商主義時代がそれにあたる。その経済力を用い、最終的には軍事的な競争をおこなった。西欧では、武器をはじめとする戦争技術が発展する。武器をもったヨーロッパ人は、やがてアジアにまで進出する。このようなシステムを有したヨーロッパがどんどんと他地域を「ヨーロッパ世界経済」のなかに組み入れ、世界を支配することになった。

ウォーラーステインは、国際分業体制を重視する。資本主義は、市場での利潤獲得を目的とするのであり、それは工業ではなく、農業（大規模な分業をともなう換金用作物生産を指す）や鉱業ではじまった。したがって、自由な労働力があるところだけが資本主義であるわけではない。東欧の再版農奴制下の農奴も、新世界のエンコミエンダ制（一五〇〇年頃からスペイン人がアメリカ領植民地で実行した土地制度。スペイン国王が植民地に対し征服地の先住民をキリスト教徒化させることを条件に、労働力として使用することを認めた）下のインディオも、プランテーションで働く黒人も、すべて近代世界システムに属する。ウォーラーステインは、社会主義経済も、資本主義社会の一部として機能していると考えた。

世界経済は、つぎの三つの構成要素からなる。中核、半周辺、周辺である。中核地域では自由な賃金労働が、半周辺では分益小作制が、周辺では奴隷制や強制労働が用いられる。資本主義社会とは単に自由な労働者が働く地域だけを指すのではなく、これらのすべての地域が、国際分業体制で成り立っている社会なのである。

## 持続的経済成長と支配＝従属関係

近代世界システムとは、一五〜一六世紀にかけて、オランダを中心とした北方ヨーロッパに生まれたシステムであり、支配＝従属関係と、持続的経済成長を特徴とする。ある地域が繁栄するからこそ別の地域がそれに従属するというわけだ。「持続的経済成長」があるから賃金は上昇する。その社会は、たえず利潤を生み出さなければ存続できない。それが、われわれが生きている資本主義社会である。

ウォーラーステインによれば、資本主義社会の特徴は飽くなき利潤追求にある。川北稔の言葉を借りれば、「成長パラノイア」にとらわれた社会である。明日は今日よりよく、明後日はさらによいということが、当たり前のこととして期待される。資本主義社会が存続するためには、新しいマーケットを必要とする。生き延びるために、企業は新しい商品を製造し、サービスを提供し、新規の顧客を獲得する。企業が新たに生産した付加価値のうち、一部は企業の内部に留保され、新規の投資のために使われる。さらに労働者に分配されるものもあり、経済学ではその割合を労働分配率という。その比率が低すぎれば、労働者は企業を所有する資本家によって搾取されているということになる。

マルクスは資本家が労働者を収奪すると考えたのに対し、ウォーラーステインは、工業国が第一次産品輸出地域を収奪したとする。したがってウォーラーステインの分析の単位は、基本的に国家となる。つまり、インターステート・システムの形成によって、ヨーロッパ世界経済が拡大していったととらえたのである。その点で、私の目には、なお一国史研究の枠組みを出ていないように映る。

ウォーラーステインの発想が一国史的だという指摘は、「ヘゲモニー国家」という概念を用いていることからも理解できよう。ヘゲモニー国家とは、工業・商業・金融業のすべての面で他国を圧倒する国をいう。歴史上、ヘゲモニー国家は、オランダ、イギリス、アメリカの三つしかない。『近代世界システム』の第二巻では、オランダが、最初のヘゲモニー国家になり、そして、一七世紀中葉にヘゲモニー国家となったオランダに対し、英仏が挑戦し、最終的にイギリスがオランダのつぎにヘゲモニーを握る過程が描かれる。

## 欠けている海の視点

このようなウォーラーステインの論にもいくつもの問題点がある。おそらく最大の問題点は、産業資本主義の理論によって近世（一六〜一八世紀）から現代までを一貫した歴史として叙述しようとしたことであろう。産業資本主義とは、国内総生産（ＧＤＰ）に占める工業の比率が他の産業よりも明らかに高くなった時代の資本主義のことである。早くとも一九世紀初頭のイギリスまで、そのような国は世界に存在しなかった。近世においては、国内総生産に占める工業部門の比率は、かなり低かったと考えられる。

どの産業部門が重要かは、時代と地域によって変わる。近世のヨーロッパは国際的経済競争の渦中にあり、それに勝ち抜くためには、総コストのなかでもっとも高い比率を占めたと考えられる輸送コストの削減こそが何よりも重要なことであった。一七世紀中葉はオランダ経済の最盛期であり、この時代がオランダ史で「黄金時代」と呼ばれた根幹には、オランダ船がヨーロッパ全体の二分の一から三分の一を占めていたという事実があった。海運業に代表される商業こそ近世の資本主義、すなわち商業資本主義の基盤をなした。

ヨーロッパ外世界への拡張においても、ヨーロッパ人は自分たちの船で商品を世界各地に運び、販売した。まず海運業の発展があり、そのあとに世界各地に自国製商品を大量に販売したことが重要である。このような視点の欠如こそ、ウォーラーステインが、現在のところアジアを世界経済に含めることに失敗している最大の理由だと思われる。

商業資本主義時代であれ産業資本主義時代であれ、経済成長の担い手は商人(企業家)である。彼らが新しいマーケットを獲得することで、ヨーロッパ経済は成長していった。すなわちヨーロッパ経済は、商人がどんどんヨーロッパ外世界にマーケットを拡大することで成長した。

そのような商人の活動の重要性を、ウォーラーステインがじゅうぶんに理解していたとはいえない。ウォーラーステインは、ヨーロッパ各国の西半球との関係に力点を置く一方で、大西洋経済を成り立たせていた、国家を越えた商人のネットワークを軽んじている。このネットワークは、カトリック、プロテスタントにとどまらず、アルメニア人、ムスリム、ヒンドゥー教徒などを包摂した、広大なものであった。

これらの商人の紐帯は、もともと決して強いものではなかった。そもそも、情報のやりとりに長い時間が必要であり、強い絆があったとは思われない。弱く、緩やかな結合が、次第に強化されていったと考えるべきであろう。大航海時代がはじまり、ヨーロッパが世界各地に進出したからといって、世界がすぐに一つになったととらえるのは単純すぎる。商品が流通したとしても、その量と頻度によって、地域間の紐帯は大きく変わる。流通量とその頻度がわからないにもかかわらず、地域間の交易がみられたという理由だけで、言及に値するほど強いネットワークがあったと主張することは不可能である。

ウォーラーステインの発想の根幹にあるのは、第一次産品輸出地域を工業地域が搾取するということである。商品価格が、輸送によって大きく変化するという意識があまりない。それを適切に示す事例として、東欧のグーツヘルシャフト（農奴を用いた大農場経営）に関するウォーラーステインの議論をみてみよう。

ウォーラーステインの説明では、西欧の先進地域に穀物を輸出することで、グーツヘルシャフト地域は国際分業関係に置かれ、第一次産品を輸出する従属地域になる。第一次産品輸出国は、工業製品を輸入するだけの国になり、先進国になることはかなり困難になる。これは、工業製品だから成り立つ議論である。

グーツヘルシャフト地域から西欧に輸出された穀物の八〇パーセント近くは、オランダ船によってデンマークとスウェーデンのあいだに位置するエーアソン海峡を西へと航海し、まずアムステルダムに送られた。さらにアムステルダムから、西欧諸国へと輸送されていたのである。オランダ船を使わざるをえないからこそ、グーツヘルシャフト地域はオランダに従属したのである。工業化以前の時代の支配＝従属関係は、そのようにとらえるべきである。そもそも、オランダがヘゲモニー国家であった以上、グーツヘルシャフト地域はなぜオランダに従属したのかと、考えるべきではないか。ウォーラースティンの理論では、グーツヘルシャフト地域を収奪した主語となるべき地域が曖昧なのである。「西欧」というのが答えかもしれないが、それはあまりに広すぎよう。オランダは、海上ルートを使い、グーツヘルシャフト地域の穀物を輸送することで、東欧を従属させた。近世においては、輸送手段を握っている地域が、握られている地域を従属させたのである。このように、ウォーラーステインは海の役割を軽視する。

工業化以降の時代であるなら、工業国と第一次産品輸出国のあいだに不等価交換が成立し、前者が後者を搾取する。後進地域は、工業製品のマーケットにされる。しかし、近世のグーツヘルシャフト地域と、西欧の製造品との交換が、果たして不等価交換といえたのであろうか。そもそも近世の製造品とは工業製品ではなく、さらにグーツヘルシャフト地域が西欧の製造品の市場となり、低開発を余儀なくされたということではないはずだ。

さらにいえば、一六五一年に端を発するイギリス航海法は、イギリスが輸入する場合、当事国ないしイギリス船で輸入するということを宣言した法である。イギリスは一六六〇年、一六六三年、一六七三年、一七六四年と、何度も同法を発布した。この法の根幹は、オランダ船の排除にあった。当時、ヨーロッパで最大の商船隊を有していたのはオランダ共和国であり、多数の商品が、オランダ船を使って輸送されていた。

この法は、オランダ船排除を狙っていた。しかもそのイギリスが、一八世紀末から第二次世界大戦終了時まで世界最大の海運国家であったことを忘れるべきではない。ましてや、商業資本主義国家としてもっとも成功したオランダ経済の基盤として、海運業があったことはいうまでもない。

海運業とは、商品を海上ルートによって運ぶ産業である。これは国境を越えた財と財との交換を表す貿易とは異なる意味をもつが、しばしば混同して使用される。イギリスの商品がオランダ船で運ばれたなら、イギリスの貿易は増えるがイギリス海運業の発達にはつながらず、オランダの海運業が発展することになる。貿易量が増えることと海運業の発達とは別のことがらである。近代世界最大の海運国家がイギリスであったとするなら、近世世界のそれはオランダであった。そしてヨーロッパは、みずから建造した船で自分たちの商品を世界中に輸出した。したがってヨーロッパの対外的拡張と海運業の発展は、切っても切り離せない関係にあった。

いくつかの国がオランダ船の排除につとめたが、最大の成功を収めたのがイギリスであったことに、もっと注目すべきであろう。自国船の使用に成功したことは、イギリスがオランダのつぎにヘゲモニー国家になることに大きく寄与した。

## 商人と海運業の役割

すでに述べたように、こんにちの経済史研究では、商人とは企業家であり、経済成長の担い手だとされる。持続的経済成長の担い手は商人であり、商人の役割をより重視した近代世界システムが必要であろう。ヨーロッパが対外進出した際の商業活動の担い手はいうまでもなく商人であり、彼らがヨーロッパに持続的経済成長をもたらしたのである。

しかし、遠隔地での取引があるからといって、規模を考えることなく、その取引関係をあまりに過大評価してはならない。事実、古代から、かなり遠くの地域との取引があったことはよく知られる。

海の事例ではないが、シルクロードはその代表であろう。しかし、シルクロードを通ってヨーロッパからアジアに運ばれた商品の量は、おそらくかなり少なかった。シルクロードでは、隊商が商品を運んだ。その際ラクダがしばしば使用された。一回の交易での輸送量は不明であるが、数十頭のラクダが中国からヨーロッパに運ぶ絹の量が、ヨーロッパ経済にとって不可欠なほど大量であったとは考えられない。とすれば、そのような取引関係を重視しすぎるのは問題となろう。研究者はこれまで、そして現在もなお、そのような誤りを多数犯している。

重要なのは、ヨーロッパが海上ルートでさまざまな地域に進出し、各地域との関係を強めていったことである。それにより、世界は、ヨーロッパ世界経済に包摂されていった。ヨーロッパは、まず海運業で支配的地位に立ち、さらに工業製品を輸出し、アジアやアフリカの多数を植民地としていったのである。

近年の研究では、近世アジアの経済成長率が、以前考えられていたほどには低くなかったと考えられているようである。明《みん》代には、鄭和《ていわ》が、全長一二〇メートルを超える宝船《ほうせん》で、アラビア半島やアフリカ東岸にまで航海した。しかし、アジアの船が、ヨーロッパの海上まで進出したことは一度もない。それに対しヨーロッパは、世界中に船を送ったのである。この相違は、忘れるべきではない。

海運業の発達こそ、ヨーロッパとアジアの大きな差異をつくりあげたとはいえないであろうか。

そもそもヨーロッパが持続的経済成長を達成できたのは、ヨーロッパが基本的に海を通じて他地域に進出し、新市場を獲得しつづけていけたからである。海を利用することによって、未開拓の地域を開拓していった。では、なぜ「海」なのか。

ヨーロッパの東の境界がウラル山脈となったのは、そこからさらに東に進んでいくことが、きわめて困難だったうえに、モンゴルなどの遊牧国家やオスマン帝国などの勢力が強すぎたからにほかならない。したがって、ヨーロッパは陸を通じて拡大していくことはできなかった。ヨーロッパの勢力範囲を拡大するには、海によるルート以外にはありえなかった。

一方、中国では華僑が東南アジアに進出し、その影響力は、こんにちもなお非常に強いのも事実である。しかし、ヨーロッパと比較するなら、陸への進出と比較した海への進出は、やはりずいぶん小さかった。清《しん》の乾隆帝《けんりゅうてい》は中国史上の最大版図を実現した。この事例からもわかるように、華僑が東南アジアに移住したとはいえ、中国はおもに陸に進出した。アジアはヨーロッパよりも広大であり、内陸部に非常に多くの土地があったのがその理由の一つであろう。

しかしそのような拡大のあり方は、むしろマイナスに作用し、海を通じて世界中に進出していったヨーロッパに、やがて敗北していくことになる。

## 異文化間交易がもたらした経済成長

ヨーロッパの拡大とは、異文化に属する人びととの接触、さらには彼らの包摂を意味した。多数の異文化圏に属する人びとが、ヨーロッパ人と交易をした。

「異文化間交易」とは、一九八四年に、アメリカ人研究者フィリップ・カーティンがつくった用語である。これは、いうまでもなく文化の異なる人びとどうしが交易をすることを意味する。異文化間交易は、多くの場合、必然的に国際的な交易になる。

商人は、出身地域から大きく離れた別の都市に異邦人として移住する。しかも通常は、取引相手の共同体の辺境地域ではなく、重要な役割を果たす中心都市に移り住んだ。定住した異邦人商人は、そこで語学、習慣、生活スタイルの習得につとめ、やがて異文化間交易の媒介となる。そして住みついた社会と交易ルートに沿って移住し、もともとの出身地域の人びととのあいだで、交易の促進につとめるようになる。

このようなことが生じたなら、移動のあとに定住した商人と、行き来をくりかえす商人に分岐する。それにともない、当初は単一の居留地からはじまった居留地が、複数になっていき、互いにつながるようになる。もとの共同体の外に一つの居留地をつくった交易民は、徐々にその居留地を増やし、交易のための共同体を網羅する交易ネットワークを形成する。それは、交易離散共同体と呼ばれる。

フィリップ・カーティンの議論については、近年フランチェスカ・トリヴェラートが、「グループ主義（groupism）」とでもいうべき特徴があると批判した。すなわち、明確に他と区別できる同質的な集団があり、彼らが社会生活の基盤を形成したという前提に立っているというのだ。むろん現実の世界では、ある集団が、いつも明確に他と区別できる特徴をもっているとはかぎらない。

こんにちの研究では、異文化間交易には、キリスト教のカトリックとプロテスタント、さらにはプロテスタントのなかでも違う宗派に属する人びとの交易が含まれる。むろん、ムスリムとキリスト教徒など、信奉する宗教の異なる人びとの取引も指すことはいうまでもない。カーティンと比較するなら、現在の「異文化間交易」の研究では、「異文化」という概念が、ややおおまかに使われているという印象は拭えない。

ともあれおそらくフィリップ・カーティンの影響もあり、こんにちでは、欧米のみならず日本の学界でも、商人のコスモポリタン性が強調されるようになっている。この分野に関する研究は、到底一人の研究者でフォローしきれないほど多い。国民経済を前提としない研究の進展は目覚ましい。それは歴史学への多大な貢献を意味する。しかしながら、本書では、商人が企業家であり経済発展の担い手であるという点を強調したい。商業空間を拡大すること（取引地域の拡大）により、商業のみならず経済が発展したことの重要性を強調したい。言い換えるなら、ヨーロッパの対外的進出は、ヨーロッパの経済成長も意味したのである。カーティンには、そのような発想はない。彼の論をもとにしつつも、私は異文化間交易により、経済成長が達成されたと主張したいのだ。

近世のヨーロッパでは重商主義戦争に端を発した交易離散共同体の拡大により、同質的な商人が拡散し、国際的な商取引がむしろ容易になったと考えるべきであろう。そのために、ヨーロッパ全体が経済成長をした。さらに、一九世紀になると、他地域の犠牲の上に乗るかたちで経済成長を達成した。

カーティンも現在の研究者も、異文化間交易の媒介になるのは人間だという前提で論が展開されている。

だが一九世紀になると、異文化間交易は非常に拡大し、人と人との結びつきを研究するだけでは、不十分になっていると考えられる。

人間に代わって異文化間交易の媒介となったのは、一九世紀に誕生した「電信」であった。以下の諸章では、その過程が描かれる。

**最初の世界的海洋帝国＝ポルトガル**

ヨーロッパで最初にヨーロッパ外世界に乗り出したのは、周知のようにポルトガルであった。

ポルトガルは、一四一五年、イベリア半島対岸のセウタを占領し、この地が、ヨーロッパ最初の海外植民地となる。ヨーロッパの植民地主義はここにはじまるといわれる。エンリケ航海王子（一三九四～一四六〇）は、ムスリム商人の手を介することなく、サハラ砂漠縦断貿易ではなくアフリカ沿岸を通り海路によって金を入手し、さらには直接香辛料貿易をおこなうことを目標としており、セウタの攻略は、その第一段階を記したとされる。一五〇〇年にポルトガル人のカブラルがブラジルを「発見」し、南米大陸の東側の多くはやがてポルトガル領となる。

アジアに目を向けると、一四八八年に、バルトロメウ・ディアスが、ヨーロッパ人としてはじめて、喜望峰に到達した。そして一四九八年、ヴァスコ・ダ・ガマが、インドのカリカットに到着した。

ポルトガルは、大西洋とアジアの両方にまたがる、最初の世界的海洋帝国となった。しかも、そこには、新旧キリスト教徒やレコンキスタ後に改宗したニュークリスチャン、ユダヤ教徒、ヒンドゥー教徒、アルメニア人、パールシー（インド在住のゾロアスター教徒）、仏教徒、華僑らの多様な宗派からなる異文化間交易圏が含まれていた。ポルトガル海洋帝国は、まさにこのような異文化間交易から成り立った空間であった。

地図1　1410年〜1990年にポルトガルが領有したことがある地域

ポルトガルの優位性は、アフリカ西岸と東岸の両方を領有している点にあった。したがって、大西洋とアジアのどちらでも貿易し、西半球と東半球を結合できた。そのネットワークは、世界最初のヘゲモニー国家となったオランダより広大であった。

## ポルトガルとイギリスの政治システム

ポルトガル海洋帝国を受け継いだだけではなく、さらにそれを拡大したのはイギリス帝国であった。たとえば最初にインドに到達したヨーロッパの国はポルトガルであったが、インド帝国を築き上げたのはイギリスであった。シンガポールはポルトガル領となったが、すぐにオランダ領になり、やがてイギリスが領有することになった。シンガポールは、いまでもイギリス連邦に属する。

たしかにポルトガルとイギリスの領有地域は同じではなかったが、東半球と西半球の両方に多くの植民地を有していた点では似ている。さらにポルトガル商人が形成した異文化間交易のネットワークを、直接、あるいはオ

地図2　オランダ海洋帝国

ランダ人などの領土になってからイギリス帝国が受け継ぎ、さらに拡大したと考えることができるのである。さまざまな商人の紐帯は、イギリス帝国によって強められたと推測できる。

現在の研究では、ポルトガルの対外的拡張は、国家が主導したのではなく、商人がみずから組織化し、自発的に海外に出て行ったために生じたとされる。それに対しイギリスは、国家主導型の経済成長を遂げ、さらにヘゲモニー国家として、世界政治・経済上の約束事であるゲームのルールをつくり、それを他国・他地域に押しつけようとし、実際、それに成功した。この二国の政治システムは、まったく違っていた。イギリスは、他国をみずからのコントロール下に置くことにかなり成功したが、ポルトガルにはそれができなかった。むしろ、そういう意志はなかった。イギリスの帝国主義的拡大が国家の主導であったのに対し、ポルトガルの場合、商人が自発的に海外に出て行ったからである。

地図3　イギリス帝国統治下の経験を有する国・地域

ポルトガルの対外的拡張における国家の力は、イギリスほど強くはなかった。

しかし、最初の世界的海洋帝国がポルトガルであり、そのつぎの世界的海洋帝国がイギリスであったことに違いはない。どちらも、多数の異文化を含む交易圏を有していた。それらが、主として海によって結合されていたのである。それに対しオランダは、一時ブラジルの一部を占領するものの、ふたたびポルトガルに奪われたこともあり、大西洋貿易で主役になることはなかった。アジアではオランダ東インド会社は活躍していたが、オランダ海洋帝国の規模は、ポルトガル海洋帝国と比較すると小さかった。そもそも、新世界でもっとも多くの奴隷が上陸した地域は、第三章で述べるように、ポルトガル領ブラジルであった。さらに、オランダのヘゲモニーとは、基本的にヨーロッパ内部でのヘゲモニーにすぎなかったことを忘れるべきではない。

## 小さなヨーロッパから大きなヨーロッパへ

世界地図をみれば、ヨーロッパがじつに小さな面積しか占めていないことがすぐにわかる。ヨーロッパという語が指す地域は、ユーラシア大陸北西の半島部を包括する。そして、ウラル山脈およびコーカサス山脈の分水嶺とウラル川・カスピ海・黒海、そして黒海とエーゲ海をつなぐボスポラス海峡が、アジアと区分される東の境界となる。その面積は、一〇一八万平方キロメートルであり、地球表面積の二パーセント、陸地の四・三パーセントにすぎない。

そのヨーロッパが、近世の大航海時代になって世界の各地に赴くようになり、近代になると、アジアやアフリカの多くの地域を植民地化した。そもそもヨーロッパは貧しい地域であった。他地域の商品——新世界のジャガイモ・トウモロコシ・トマトなど——を輸入し、ヨーロッパ内部で生産するようになった。

近世のヨーロッパ人は、他地域の人びとより自分たちの方がすぐれているという認識はもっていなかったであろう。一六世紀に生きたモンテーニュは、文化相対主義の人として知られる。一八世紀に活躍したヴォルテールは、中国の文化を礼賛した。

しかし一九世紀に生きたカール・マルクス、一九世紀に生まれたマックス・ヴェーバーは、明らかにヨーロッパ中心主義者であった。それは、彼らが近代の人だったからである。ヨーロッパの国々は、意識のうえでも大国になったのである。

近代とはヨーロッパの世紀であり、ヨーロッパがさまざまな面で、どの時代でも他地域よりも進んでいたといって、平気だった時代である。多くの学問の起源は近代ヨーロッパにあるのだから、学問をするという行為自体が、ヨーロッパの真似をすることであり、現在でもそういう側面があることは否定できまい。

## 学習するヨーロッパから教えるヨーロッパへの転換

周知のように古代ローマにおいては、もし「ヨーロッパ」なるものが存在していたとすれば、それは地中海世界であった。北アフリカも、「ヨーロッパ」に含まれていたのである。言い換えるなら、「ヨーロッパ」という語が、ユーラシア大陸の西端にある半島を指すようになってはじめて、こんにちの意味でのヨーロッパが誕生したのである。

ヨーロッパ人は、おそらく大航海時代になり、さまざまな地域の人びとと自分たちを比較することによって、自己認識を深めていった。さらに、ヨーロッパという用語が示す範囲についての認識を新しくした。ヨーロッパとは、おおむね白人が居住する空間であり、この点で、北アフリカはヨーロッパではないという意識が生まれてきたものと考えられよう。さらに、ヨーロッパ人は、自分たちが住んでいる世界の小ささを知った。

ヨーロッパの知的財産だとされるギリシアの学問の多くは、ビザンツ帝国、さらにスペインのユダヤ人経由でイスラーム世界に継承され、やがてヨーロッパ人の知的財産となった。ルネサンスの三大発明とされる火薬・羅針盤・活版印刷術も、元来はヨーロッパ起源ではなく、他地域から導入したものであった。しかしそれらをうまく活用し、やがて世界を制覇したのはヨーロッパ人であった。すなわち、学習するヨーロッパから、教えるヨーロッパへの転換がみられたのである。

教師となったヨーロッパ人は、世界のあちこちにつぎつぎに進出ないし侵入し、その地を植民地化し、自分たちの価値観を植えつける鼻持ちならない教師へと変貌した。しかも、ヨーロッパ人は、もともとは生徒であったということを、完全に忘れ去っていったのである。

現在のヨーロッパは、かつては学ぶ側だったことを思い出しつつある。近代のヨーロッパが教える側であり、自分たちの価値観を他地域に押しつけることこそがミッションであると考えていたのに対し、ポスト・コロニアル時代になると、それに対する反省をするようになった。

以下の諸章では、学習するヨーロッパから、教えるヨーロッパへという転換の時代を扱う。

第二章

# 北海・バルト海・地中海の商業

## マルサスの罠に陥ったイタリアと地中海

一五世紀のイタリアとイギリスを比較したなら、明らかにイタリアの方が将来の経済成長が見込めると思えたであろう。

同じ世紀に、北海・バルト海と地中海を比較したなら、地中海の方が貿易をさらに発展させる可能性があると判断されたのではないだろうか。イタリアは地中海商業によって栄えていた。アジアからの香辛料や胡椒が、イタリアに輸入された。

だが現実にはイタリア経済は停滞し、やがてイギリスが産業革命を成し遂げることになった。近代世界システムの母体となったのは、北海・バルト海地方であった。

どうして、こういうことになったのだろうか。本章では、その理由について考えてみたい。

中近世イタリアの都市化の程度は高く、商業・金融技術も発達していた。銀行が誕生し、複式簿記が導入され、保険業が発達し、そのままマルサスの罠（経済成長をしても人口増大によってストップし、成長は持続しない）を乗り越え、持続的経済成長を達成したとしても、不思議ではなかったかもしれない。いや、一見すると、達成しなかったことの方がむしろ不思議なのだ。

では、イタリアと地中海は、どうして最終的には、マルサスの罠に陥ったのだろうか。さらに、北海・バルト海・地中海という三つの海は、どのようにして経済的に統合されたのだろうか。

## ヴァイキングの活躍

そのことを考えるために、まずはイタリアではなく北方に目を向け、北海・バルト海の商業活動について言及しよう。なかでも、中世の北方ヨーロッパで活躍していたヴァイキングに目を向けてみよう。

ヴァイキングとは、一般に、八世紀から一一世紀にかけてヨーロッパ全土を略奪したスカンディナヴィアの海賊を指す。ヴァイキングはこのように略奪者として知られるが、彼らが盛んに交易をおこなっていたことも否定できない。さらに彼らは、故地においては農民であり、漁師であり、職人でもあった。職人としての技術水準は高かった。

デンマークのヴァイキングは西に向かい、スウェーデンのヴァイキングは東に向かった。前者はおもに海上ルートで、後者は河川・陸上ルートを利用した。おそらく、スカンディナヴィア半島のどこかの場所で、冬季に川が完全に凍結する地域とそうでない地域に分かれ、前者がデンマークのヴァイキング、後者がスウェーデンのヴァイキングになったと私は想定している。

デンマークのヴァイキングは、イングランドやアイスランドに定住した。さらに定住することはできなかったが、北米大陸にまで航海した。スウェーデンのヴァイキングはロシアに向かい、ノヴゴロド国を建国した。こう考えるなら、ヴァイキングの活動範囲はきわめて広く、北のフェニキア人といっても過言ではないかもしれない。

ヴァイキングが使った船は、ロングシップと呼ばれる、喫水の浅い、細長い船である。デヴィド・カービーと、メルヤ＝リーサ・ヒンカネンはこういう。

ヴァイキングのロングシップ

「しっかりと釘付けされた」北欧の人《ノースマン》のロングシップは、無数の沿岸住民の心に恐怖心を植えつけたに違いない。その一方、陸からみえる場所にきた船首の広々した商船の容姿は、アイスランドの詩人たちに霊感を吹きこみ、彼らが「胸の豊かな」女性のように美しいカナル船を称揚するまでになった。吟唱詩人スカルドの歌にある細長くて伸縮性に富む軍船は、一三世紀の「サーガ」においては、はるかに巨大な船に道を譲った。一〇〇〇年頃のスヴォルドの戦いで、オーラヴ・トリュッグヴァソンが死にいたるダイヴィングをおこなった「オルムリン・ラギ」、すなわち「長蛇」号や、一二六二〜六三年にベルゲンで建造された、国王ホーコン四世ホーコンソンの「クリストゥリン号」などの船は、全長が二五メートル以上あったといわれる。一〇〇〇〜一三〇〇年のデンマークやノルウェーの国王によって徴用された平均規模のロングシップは、二〇から二五の船室をもち、一隻あたり各船ともに六〇人から一〇〇人の乗組員がいたと考えられている（船室すなわちリューミは船体の一画をなし、隣り合った二組の肋材とそれを繋ぐ梁によって区画されていた）。一二六二年にノルウェーのホーコン四世は、こうした船を少なくとも一二〇隻率いて、スコットランドとの大々的な戦いを開始した。ところが、四〇年をへてロングシップは見捨てられコッゲ船が選ばれた（デヴィド・カービー、メルヤーリーサ・ヒンカネン著・玉木俊明他訳『ヨーロッパの北の海――北海・バルト海の歴史』刀水書房、二〇一一年、一二五～一二六頁）。

以上の引用から推察されるように、ヴァイキングが簒奪《さんだつ》者ないし商人として活躍できた大きな理由は、ロングシップを使っていたからであり、ハンザ（同盟）が台頭しヴァイキングが衰退するのは、コッゲ船が使用されるようになったからである。ここでまたカービーとヒンカネンの言を引用するなら、「船首から船尾にかけて城郭のような上部構造をもち、［ハンザで使われた］はるかに頑丈なコッゲ船と比べて背丈の低いロングシップは、戦闘ではまったく不利だった」のだ。

コッゲ船

カラック船

コッゲ船は船底が平らであり、海が比較的穏やかで浅いフリースラント（ドイツ・オランダの北海沿岸）沖やシュレースヴィヒ（ドイツとデンマークにまたがる地域）のフィヨルドでの航海の方が適していた。北海海域で確実に使用されるようになったのは、一三世紀初頭のことであったと思われる。さらに一四世紀初頭になると、南欧の船大工が、外材の端と端とが接するように据えつけていく独自の手法（カラベル船の工法）を用いて、コッゲ船のデザインを模倣するようになった。より大型で背丈の高い船を造り、三角帆ではなく方形帆を船に掲げた。ときには、三角帆のミズンマストも据えられた。これは一四世紀末にはもっと一般的になり、やがては四角帆を張ったフォアマストも加わった。北海やバルト海で、これらの船は、カラック船として知られるようになった。

## ハンザの中心リューベック

日本ではハンザ「同盟」として知られる北方ヨーロッパの都市の商業コミュニティは、ドイツ語ではHanseといい、「団体」という意味であり、「同盟」にあたる単語はない。つまり、ハンザという語には「同盟」の意味はなく、都市の商業連合だととらえるべきである。このハンザに属する都市の数さえじつは曖昧であり、最大で二〇〇ほどあったという説すらある。しかし、この商業連合の中心に、リューベックが位置したことはまちがいない。ハンザ総会は、基本的にリューベックで開催されたからである。リューベックは、北方ヨーロッパの商品流通の中心となった。

ハンザの取引でしばしば使用された船は、すでに述べたようにコッゲ船である。建造に際して、それほど高品質の木材を必要としなかった。スカンディナヴィアの船大工が放射状に裂いた厚板を使ったのに対し、北海諸港の船大工は、のこぎりで切った木材を用いたので、不可避的に生じる歪みや分解に対処できる、がっしりとして丈夫な外板を張ったコッゲ船を造ることが可能であった。のこぎりの方が速く切れて木材のロスが少なく、しかも斧ではきれいに処理できなかった、ねじれた木目や節を切り通すことができたので、船大工は以前より質の劣った木材が利用できた。

現在もなお日本では、北海・バルト海では生活必需品が、地中海では奢侈《しゃし》品が取引されたといわれるが、このような見方は、欧米の学界では否定されている。どちらの地域も、もとより当たり前であるが、生活必需品・奢侈品の両方の取引をしていたと考えられるようになった。

バルト海地方と北海の貿易は、一二世紀以降、リューベックを通じておこなわれた。より正確にいえば、この二つの海の商品輸送は、リューベック─ハンブルク間の陸路によってなされたのである。

途中で一部、運河が利用されることがあった。

エーアソン海峡を通る海上ルートではなく陸上ルートが使われたのは、海上ルートは航海が困難であったためである。リューベックからハンブルクに送られた主要商品には、蜜蠟、銅、獣脂、皮革、魚油などがあり、ハンブルクからリューベックに輸送された商品として、毛織物、油、薬種、ニシン、石鹼、明礬《みょうばん》などがあった。

ところで、次頁の表1は、ポンド税といい、ハンザ都市が交戦中に商品にかけた税金である。日本のハンザ史研究では、これを「関税」と訳す。

しかしながら、表1の商品をよくみてみると、リューベックの商品はほとんどないことに気づくであろう。したがってこの税を「関税」というのは正確ではなく、「通行税」ないし「通関税」という

| 商品名 | 主たる原産地 | 輸出 | 輸入 | 総額 |
|---|---|---|---|---|
| 毛織物 | フランドル | 120.8 | 39.7 | 160.5 |
| 魚類 | ショーネン | 64.7 | 6.1 | 70.8 |
| 塩 | リューネブルク | – | 61.6 | 61.6 |
| バター | スウェーデン | 19.2 | 6.8 | 26 |
| 皮・毛皮 | スウェーデン、リーフラント | 13.3 | 3.7 | 17 |
| 穀物 | プロイセン | 13 | 0.8 | 13.8 |
| 蜜蠟 | プロイセン、リーフラント | 7.2 | 5.8 | 13 |
| ビール | ヴェント諸都市 | 4.1 | 1.9 | 6 |
| 銅 | スウェーデン、ハンガリー | 2.2 | 2.4 | 4.6 |
| 鉄 | スウェーデン、ハンガリー | 2.4 | 2.2 | 4.6 |
| 油 | フランドル | 2.7 | 1.5 | 4.2 |
| 亜麻 | リーフラント、北ドイツ | 0.4 | 3 | 3.4 |
| 各種食料品 | | 2.2 | 1.2 | 3.4 |
| 金銀 | ? | 0.7 | 2 | 2.7 |
| ワイン | ライン地方 | 1.3 | 0.9 | 2.2 |
| 亜麻布 | ヴェストファーレン | 0.2 | 1.1 | 1.3 |
| 各種商品 | | 39.9 | 16.6 | 56.5 |
| 計 | | 338.9 | 206.9 | 545.8 |

表1　1368–69年のリューベックの輸出入関税額（単位：1,000リューベック・マルク）

出典：高橋理『ハンザ「同盟」の歴史——中世ヨーロッパの都市と商業』創元社、2013年、118頁。

方が正しいように思われる。

関税は英語では customs、通行税は toll という。ドイツ語では、どちらも Zoll であり、この二つに明確な区別はつけられていない。ドイツでハンザ史学会が設立されたのは一八七一年であり、それ以降一四〇年以上にわたり、この二つの区別が重要だと考えられることがなく、日本のハンザ史家にもそういう意識がなかったことは、中近世のように流通コストがきわめて高い時代を研究するうえでのマイマス点になったといわざるをえない。

貿易都市において、税は商品が輸出（ex-port= 港から外に）されるか、輸入（im-port= 港から中に）するときに課せられた。「港」からの商品の出入りにかけられたのである。たとえば、リューベックを通って取引される商品にかけられたのであり、それを関税と訳すなら、この税の本質を見誤ってしまうことになりかねない。

リューベックが流通拠点であった時代は、一五世紀末になると、終焉を迎える。この頃から、オランダが、デンマーク—スウェーデン間のエーアソン海峡を航行する海上ルートの開拓に成功したからである。ただし、陸上ルートが使われなくなったのではない。陸上ルートよりも、海上ルートでの輸送が多くなり、その差がさらに拡大していったからであろう。いずれにせよ、このルートの開拓により、オランダがバルト海貿易の覇者となった。

ウォーラーステインがいうヨーロッパ世界経済は、北方ヨーロッパの流通の中心がリューベックからアムステルダムに移行し、バルト海貿易の担い手がハンザ商人からアムステルダム商人へと変化するとともに発生した。

このように考えるなら、近代世界システムにとっての流通、さらにその流通を請け負った商人の重要性が明らかになろう。

バルト海貿易は、オランダの「母なる貿易」と呼ばれ、長期間にわたり、オランダ経済の根幹をな

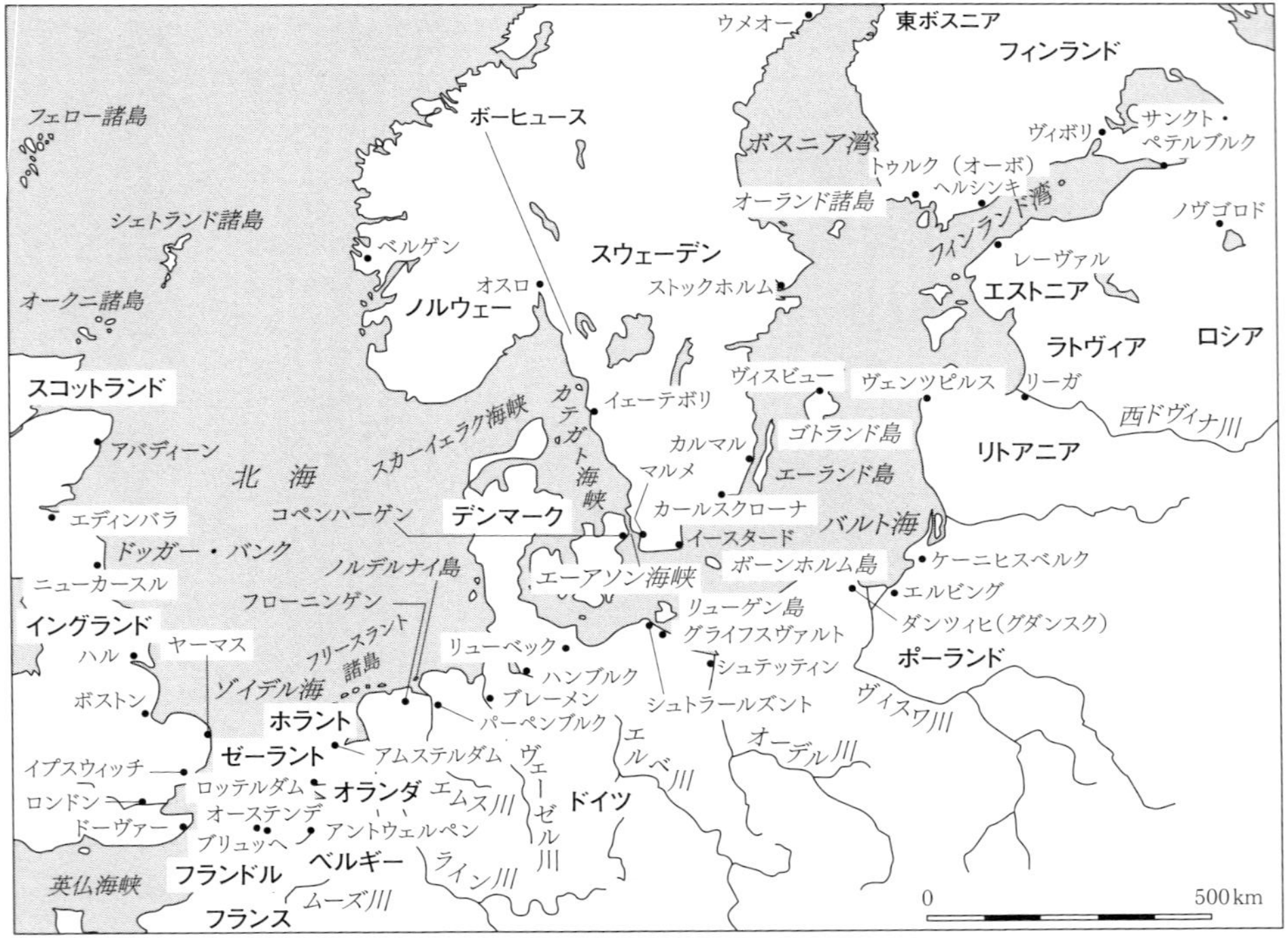
フェロー諸島
シェトランド諸島
オークニ諸島
スコットランド
アバディーン
エディンバラ
ドッガー・バンク
ニューカースル
イングランド
ハル
ヤーマス
ボストン
イプスウィッチ
ロンドン
ドーヴァー
英仏海峡
北 海
ボーヒュース
ベルゲン
オスロ
ノルウェー
スカーイェラク海峡
カテガト海峡
イェーテボリ
コペンハーゲン
デンマーク
マルメ
ノルデルナイ島
フローニンゲン
フリースラント諸島
ゾイデル海
ホラント
ゼーラント
アムステルダム
ロッテルダム
オランダ
オーステンデ
ブリュッヘ
アントウェルペン
フランドル
ベルギー
フランス
ムーズ川
ライン川
エムス川
ヴェーゼル川
ドイツ
エルベ川
パーペンブルク
ブレーメン
ハンブルク
リューベック
エーアソン海峡
リューゲン島
グライフスヴァルト
シュトラールズント
シュテッティン
オーデル川
ヴィスワ川
ポーランド
ダンツィヒ(グダンスク)
エルビング
ケーニヒスベルク
ボーンホルム島
イースタード
カールスクローナ
バルト海
エーランド島
カルマル
ゴトランド島
ヴィスビュー
スウェーデン
ストックホルム
オーランド諸島
ボスニア湾
ウメオー
東ボスニア
フィンランド
トゥルク(オーボ)
ヘルシンキ
フィンランド湾
ヴィボリ
サンクト・ペテルブルク
ノヴゴロド
レーヴァル
エストニア
ラトヴィア
ロシア
ヴェンツピルス
リーガ
西ドヴィナ川
リトアニア
0
500km
北方ヨーロッパの地図

したと考えられている。正確な評価をくだすことは不可能であるが、一六～一七世紀のオランダにとって、東インド貿易よりも重要であったと考えられているのである。そして、オランダのバルト海貿易の基盤は、穀物貿易にあった。

| | **輸入** | **輸出** | **輸入** | **輸出** |
|---|---|---|---|---|
| | 1580年 | 1580年 | 1584年 | 1584年 |
| ノルウェー | 9.7 | 5.4 | 3.3 | 5.3 |
| バルト海地方 | 64.5 | 23.9 | 69.1 | 34.8 |
| オランダ北西部 | 20.4 | 47.4 | 22.5 | 33.3 |
| ホラント | - | - | 0.8 | - |
| ブラバント | - | - | 1.4 | - |
| フランドル | 0.7 | 2.7 | 0.0 | - |
| ラインラント | - | 10.3 | - | 0.0 |
| ブリテン諸島 | 1.7 | 4.1 | 1.7 | 2.0 |
| フランス（大西洋岸） | 1.6 | 0.4 | 0.5 | 17.9 |
| スペイン | 0.1 | - | 0.1 | 0.1 |
| ポルトガル | 0.9 | - | 0.2 | 2.6 |
| 西方（特定されず） | - | 5.5 | - | 4.0 |
| 不明 | 0.4 | 0.3 | 0.4 | 0.0 |
| 合計 | 100.0 | 100.0 | 100.0 | 100.0 |

表2　アムステルダム市場の商品の輸出先と輸入先（単位：%）
出典：Clé Lesger, *The Rise of the Amsterdam Market and Information Exchange: Merchants, Commercial Expansion and Change in the Spatial Economy of the Low Countries, c. 1550–1630,* Aldershot, 2006, p. 66, Table 2.1.

実際、表2にみられるように、アムステルダムがバルト海地方から輸入する比率は非常に高く、しかもこの頃は、穀物が最大の比率を占めていたことに、疑いの余地はない。

では、なぜ穀物がそれほど重要であったのか。

## ヨーロッパの危機とオランダの台頭

ここで、一六世紀後半から一七世紀前半にかけてヨーロッパ全土を襲った二つの経済的危機について目を向ける必要がある。すなわち、食糧危機と、森林資源の枯渇という危機である。これらは、本質的に人口増と商業の発展のために生じた。
一四世紀半ばの黒死病の流行によって、ヨーロッパ人口の三分の一が死に絶えたとさえいわれる。このような状況においては、賃金は、労働者に有利に作用した。労働力が稀少となり、賃金が上昇した。

だが、人口増がつづき、やがて一六世紀になると、労働者が過多になり、賃金の上昇はストップし、食糧不足が発生することになる。

さらに人口増により、大量のエネルギーが必要になった。この頃の主要エネルギー源は森林資源であったため、ヨーロッパで森林資源が枯渇するようになった。このような状況のもと、イギリスで森林破壊（deforestation）と呼ばれるほどに森林伐採がなされた。しかし、現実にはイギリスのそれは、地中海と比較するとまだましであった。

具体例を挙げよう。著名なイタリア史家のカルロ・チポッラによれば、イタリアのロンバルディアにおいては、都市以外の地域においてさえ、樹木が土地全体に占める割合は、一五五五年の段階では、わずか九パーセントにすぎなくなっていた。フランスにおいては、一五〇〇年頃には、森林地が全体の三三パーセントを占めていたのが、一六五〇年頃になると、二五パーセントに減少した。その一方で、森林の質は目にみえて悪化していったのである。

森林資源の不足は、貿易ないし商業の発展によっても生じた。商業発展には海運業の成長が不可欠である。商業が発展するほど、ますます多くの船舶が必要となり、造船資材として森林が切り倒されていく。

このような現象は、多かれ少なかれヨーロッパ全体にみられた。ヨーロッパは、この危機——食糧不足と森林資源の枯渇——を乗り越えなければ、経済成長をつづけることは不可能であった。このとき、バルト海地方の穀物と森林資源がきわめて重要になったのである。

当時のバルト海地方の経済的中心であったポーランドは、ヨーロッパ随一の穀倉地帯であった。バルト海地方が輸出することができた穀物は、およそ七五万人の人びとを養うほどにすぎなかった。しかし需要や供給の変化が比較的わずかであったとしても、バルト海地方から穀物が輸出されるような地域においては、その影響は比較的大きなものになった。

たしかに、ポーランドの土壌の生産性は低かったが、ポーランドの歴史家マリア・ボグツカによれば、ポーランドでは貴族層シュラフタ（szlachta）の勢力が非常に強く、穀物の余剰を外国に販売することができたのである。彼らは穀物輸出によって巨額の利益をえていた。そして、その穀物の多くが、アムステルダム船に積まれた。

穀物に加えて、バルト海地方には非常に多くの森林資源が残されており、この地域は、一六世紀後半からヨーロッパ最大の木材供給地域となった。しかもピッチ、タール、亜麻、麻、帆布、索類、鉄などの造船資材の供給地域でもあった。したがって、バルト海地方の森林資源は、ヨーロッパの対外的拡張のために必要不可欠であった。

ボグツカの見解では、一五五〇年代から一六六〇年代にかけ、ポーランドの穀物は、西欧の人びとが生存していくために不可欠であった。彼女によれば、バルト海貿易におけるこのような「穀物の時代」は、一七世紀中頃までつづいた。そして一七世紀後半から一八世紀にかけて、西欧と南欧の食糧事情は急速に変化し、バルト海地方の穀物への需要は減少した。この時代をボグッカは、「原材料の時代」と呼ぶ。

一六〇〇年頃を境として木材価格の上昇スピードが穀物のそれを上回るが、それでも一七世紀半ばまでは、穀物の方が重要であった。

一六世紀半ばから一七世紀半ばまでの一世紀間は、穀物と森林資源のうち、穀物の方がヨーロッパ経済にとって大切であった。オランダがヨーロッパ最大の経済大国として台頭した背景には、バルト海地方との穀物貿易があった。

一四九七〜一六六〇年に四〇万隻以上の船舶がデンマークとスウェーデンのあいだのエーアソン海峡を航行しており、そのうち五九パーセントがオランダの北部七州からのものであった。

オランダがバルト海貿易で使用していた船舶は、フライト船と呼ばれる非武装商業船で、輸送コストが桁外れに低かった。さまざまな国が、フライト船に輸送をゆだねたことがそれを示している。フライト船の積載スペースはほぼ正方形であった。そのため積載量は多く、しかも軽かった。地中海地方と異なり、バルト海地方には海賊はおらず、したがって武装商業船の必要はなかったからである。

オランダ船の多くは、ダンツィヒ（グダンスク）からアムステルダムに向かった。さらにそこから、他地域に輸送された。

穀物の時代の西欧は、貿易面からみれば、この「ダンツィヒ—アムステルダム枢軸」を中心に動いたといって過言ではなかったのである。

## ディアスポラ

ダンツィヒ―アムステルダム枢軸以外に、この時代に北方ヨーロッパが台頭した理由を述べよう。近世のヨーロッパでは、宗教的迫害のためにみずからが住む地を追われ、別の地域に移住することを余儀なくされた人びとがいた。このような現象は「ディアスポラ」と呼ばれ、こんにちでは歴史学界のみならず、一般に定着した用語となっている。ディアスポラを余儀なくされた人びとには、国際貿易に従事する商人も多数いた。

国家史の観点からは、彼らは住むべき土地を奪われ、異邦への移住を余儀なくされ、虐げられた人びととなる。しかし、こういったいわばネガティヴな見方は、商人のネットワークを強調する研究により、完全に変わった。国境を越えた商人ネットワークを強調する見方が、こんにちではむしろ主流になっているように思われる。

しかも、近世には多数の戦争があった。その多くは、宗教問題が引き金になった。戦争が起こるとディアスポラが発生し、商人が他地域に移住し、場合によっては定住した。彼らは、戦時にも平時にも取引を継続した。したがって戦争によって生じたディアスポラにより、商人ネットワークが拡大し、経済が成長したのである。

さらに商人は同一宗派のみならず、違う宗派の商人とも取引をしたことが、近年の研究により明らかになっている。このような異文化間交易により、ヨーロッパ経済は成長した。そしてアントウェルペンは、多数の異文化に属する商人が活動した都市であった。

## 近世の世界市場アントウェルペン

中世の北方ヨーロッパの中心となる市場は、「中世の世界市場」と呼ばれたブリュッヘであったが、そのあとを継いだのが、アントウェルペンである。ブリュッヘは、フランドル製の毛織物を輸出する市場であった。それゆえ、アントウェルペンがイギリスと結びつくことは、ヨーロッパで新しい経済構造が誕生したことを意味した。アントウェルペンで活躍したのは、南ドイツのケルン商人であった。南ドイツ商人が、チロルやハンガリーの鉱産物を販売するとき、アントウェルペンを選んだのである。ここに、アントウェルペン台頭の一つの鍵があった。アントウェルペンはいわば、「近世の世界市場」とみなすことができよう。

大航海時代初期の一五世紀末には、アントウェルペンにポルトガルからアフリカ産の植民地物産が輸入されるようになる。さらにポルトガル商人は、南ドイツやハンガリーの銅をアントウェルペンで購入した。大航海時代により、最初に大きく成長した都市はアントウェルペンであった。

アントウェルペンの金融市場は、すでに南ドイツからの銀でかなり潤っていたが、スペイン領アメリカから銀を輸入することで、利益はさらに拡大することになった。ポルトガル王、イギリス王、コジモ・ディ・メディチなどが、アントウェルペンの短期信用の顧客となった。アントウェルペンは、おそらくフランス最大の金融市場であるリヨンさえ抜きさり、ヨーロッパ最大の金融市場へと成長したのである。

アントウェルペンの取引相手地域として、ドイツの後背地、中欧、イギリス、イベリア半島などがあった。そして、低地地方の物産のみならず、イングランド産毛織物、ポルトガルからの香料などの商品が取引された。

アントウェルペンは一六世紀中葉に、他都市に先駆けて取引所（bourse）をつくり、さらに取引所における商品の価格を記した「価格表」を作成した。最初は、手書きであった。アントウェルペンとほぼ同時期に、アムステルダムとハンブルクでも取引所がつくられた。これは、アントウェルペン商人の影響であろう。アントウェルペンに来たアムステルダム・ハンブルク商人、ないしアントウェルペン商人がアムステルダム・ハンブルクに赴くことで、この二都市の取引所ができた。

## アントウェルペン商人のディアスポラ

アントウェルペンは、オランダ独立戦争中の一五八五年に、スペイン軍によって陥落させられた。これ以降、アントウェルペンで商業に従事していた商人が各地に移住する現象が生じた。ベルギーの歴史家ブリュレは、これを「アントウェルペン商人のディアスポラ」と名づけた。

しかし現在では、オランダ人オスカー・ヘルデルブロムにより、早くも一五四〇年代から、アントウェルペンからアムステルダムに商人が移住していたことがわかっている。

ヘルデルブロムの関心はこの二都市の商人の移動にあり、他都市への関心は薄い。だが、私が直接ヘルデルブロムにアントウェルペン商人がハンブルクに移住したのではないかと訊ねたところ、「自分としては、そのような史料に直接あたったわけではないので確実なことはいえないが、その可能性は高い」と答えた。

アントウェルペン商人は、ロンドンにもしばしば訪れていた。二都市の商人の移動が活発でなければ、ロンドンからアントウェルペンへの毛織物輸出は不可能だったはずである。

一六〇〇年頃になると、南ネーデルラントからハンブルクへと移住する商人が増え、その中核をなしたのがアントウェルペン商人であったことはほぼたしかである。さらにアントウェルペンには、イベリア系ユダヤ人のセファルディムも移住してきた。セファルディムとは、一五世紀までにイベリア半島に居住してきたユダヤ人の子孫である。彼らは、一四九二年にはスペインから、一四九七年にはポルトガルから追放された。いわばレコンキスタの完成こそが、セファルディムの離散をうながし、居留地を増やし、交易離散共同体を形成したのである。

さらに、イギリスの毛織物輸出を独占したマーチャント・アドヴェンチャラーズ（冒険商人組合）の輸出基地（ステープル）が一五六七年にアントウェルペンからハンブルクに移動したときも、アントウェルペンの有名な商家が、ハンブルクにまで移動していた。また、ハンブルク商人も、アントウェルペンまで出かけて商業に従事していた。したがって、マーチャント・アドヴェンチャラーズのステープルの移動が、商人のネットワークに変化をおよぼしたとは思われないのである。むしろ、北西ヨーロッパ商人のネットワークの拡大とみなすべきであろう。これも、「アントウェルペン商人のディアスポラ」の一部とみなせよう。

これまでの研究では、取引都市が変わると、大きな商業構造の転換があったと想定されてきた。しかしじつは、取引する商人は同じであり、現実には商業構造の転換とはいえないことが多かったのではないか。さらにこれは、ヨーロッパの貿易構造とも大きく関係している。

詳しくは第三章で述べるが、近世ヨーロッパの貿易では、ある貿易港が衰退しても、別の貿易港がその代替港として活躍することが多かった。商人の流動性が高く、彼らは国境をやすやすと越え、別の貿易都市に移住することもよくあったからだ。

## イギリスはいかにして低開発から脱出したか

つぎに、イギリスの毛織物輸出をみていこう。それは、イギリスからアントウェルペンに輸出する毛織物こそが、北海をまたぐ貿易品のなかでもっとも重要だったと考えられているからである。

このような視座を提示したのは、イギリスの歴史家フレデリク・ジャック・フィッシャー（一九〇八〜八八）である。欧米の歴史学界では、彼の説の重要性は、もはや忘れられてしまった観があるが、日本では、越智武臣、川北稔により、フィッシャーの論が根づくことになった。

近世における農業史と国内史研究を重視したリチャード・ヘンリ・トーニー（一八八〇〜一九六二）とは対照的に、フィッシャーは、イギリスがどのようにしてヨーロッパ大陸と結びついているかを重点的に研究した。フィッシャーの研究の出発点は、ロンドンからアントウェルペンへの毛織物輸出であった。

近世の毛織物の輸出において、ロンドンは、イングランド全体の八〜九割を占めた。そのロンドンの毛織物は、マーチャント・アドヴェンチャラーズによってアントウェルペンに未完成のまま送られ、そこで完成品となり、ドイツやイタリア、レヴァント（地中海東岸）に輸出された。

フィッシャーの問題意識は、当時の開発経済学のそれと大きく重なり合っていたことは、見逃され

| | | | | | |
|---|---|---|---|---|---|
| 1500-02年 | 49,214 | 1536-38年 | 87,231 | 1568-70年 | 93,681 |
| 1503-05年 | 43,844 | 1539-41年 | 102,660 | 1571-73年 | 73,204 |
| 1506-08年 | 50,373 | 1542-44年 | 99,362 | 1574-76年 | 100,024 |
| 1509-11年 | 58,447 | 1545-47年 | 118,642 | 1577-79年 | 97,728 |
| 1512-14年 | 60,644 | 1550年 | 132,767 | 1580-82年 | 98,002 |
| 1515-17年 | 60,524 | 1551年 | 112,710 | 1583-85年 | 101,214 |
| 1518-20年 | 66,159 | 1552年 | 84,968 | 1586-88年 | 95,087 |
| 1521-23年 | 53,660 | | | 1589-91年 | 98,806 |
| 1524-26年 | 72,910 | 1559-61年 | 93,812 | 1592-94年 | 101,678 |
| 1527-29年 | 75,431 | 1562-64年 | 61,188 | | |
| 1530-32年 | 66,049 | 1565-67年 | 95,128 | 1598-1600年 | 103,032 |
| 1533-35年 | 83,043 | | | | |

表3　ロンドンからの標準毛織物輸出量　（単位：クロス）
3年間の平均　1550-52年は単年。
出典：F. J. Fisher(edited by P.J.Corfield and N.B.Harte), *London and the English Economy, 1500–1700*, London, 1990, p. 82.

てはならない。フィッシャーが活躍した一九五〇年代のイギリスでは、開発経済学が一種のブームになっていた。彼は、イギリスはどのようにして低開発から抜け出したのかということをテーマとして研究した。完成品ではなく半完成品の輸出をするということ自体、イギリスが低開発国であったことを物語る。換言すれば、先進国であるなら、経済学でいう中間財（最終製品になる前の段階の製品）ではなく、完成品を売るというのが、フィッシャーの世代の常識であったからだ。

　さらにイギリス史家ラムゼイは、ロンドンはアントウェルペンの「衛星都市」だといった。そのロンドンがやがて他国の都市を「衛星都市」にしていく過程こそ、言い換えれば、中間財ではなく最終製品を製造するようになる過程こそが、イギリス経済の台頭、低開発状態からの脱出を意味する。

中世のイギリスは、羊毛の輸出国として知られていた。ところが一五世紀初頭から中葉にかけ、未完成の毛織物の輸出国に変わる。イギリスの経済的地位は、ここで大きく上昇した。イギリス産の毛織物は、ほとんどがアントウェルペンに輸出された。アントウェルペンの台頭は、イギリス産の毛織物輸出と切っても切り離せない関係にあった。前頁の表3にあるように、一六世紀前半は毛織物の輸出増の時代であったが、後半になると、輸出量は増えなくなる。

フィッシャーによれば、これは一六世紀前半にイギリスで貨幣が悪鋳され、そのためにポンドの価値が低下し、輸出には好都合になったものの、同世紀後半に改鋳がおこなわれたためポンドの価値が高くなり、輸出量は伸びなくなったのである。

フィッシャーは、イギリスが自立した国民経済をもっているという前提に立って論を展開した。フィッシャーは、イギリス国民経済がアントウェルペンによる支配から脱出していったことを重視した。

しかし現実には、まだイギリスの国民経済は成立していなかった。そもそもこのような貨幣操作そのものは、まずイタリアで発明され、やがてアントウェルペンを通じて、イギリスに導入されたものと考えるべきである。ロンドン商人は、アントウェルペンにも行き、商業活動に従事していた。ロンドンとアントウェルペンは、渾然一体とした経済圏だととらえるべきであろう。したがってフィッシャーが述べた通貨操作は、「アントウェルペン商人のディアスポラ」があったから可能になったのである。

イギリスは、西欧以外の地域に市場を求めた。そのため、一五五一年にはモロッコに、一五五三年にはギニアに船が送られ、さらに同年、ロシアとの交易をめざし、スカンディナヴィア半島の北側をまわる北東航路での航海がなされたのである。さらに、一五七〇年代には、レヴァント地方と直接貿易する試みがなされた。これらの出来事は、イギリス帝国形成の端緒となった。

したがってイギリス本国においても、帝国史を論ずるにあたっては、一六世紀から議論をはじめるのである。

さらに、イギリスでは、それまで主流であった厚手の毛織物（旧毛織物）ではなく、オランダからの技術導入があった薄手の毛織物（新毛織物）がつくられるようになり、それまでとは異なる市場が探求されるようになる。前者に適した北海・バルト海地方市場ではなく、後者に適した地中海市場へと重心を移していった。イギリスの輸出市場が大きく変化したのだ。

それに加え、毛織物輸出不況になったイギリスでは、外国人商人を排除する傾向が強まった。フィッシャーはこれを、「経済的ナショナリズム」と呼ぶ。ロンドンは、アントウェルペンの影響下から離脱していった。イングランドの取引相手地域は大きく拡大していく。しかもイギリスは、未完成ではなく、完成した毛織物を輸出するようになった。

ただし、ロンドンはアントウェルペンから、胡椒や香料などのアジアの産品、さらにはヨーロッパ大陸の物産を輸入していたこともたしかである。フィッシャーは、この点には触れていない。彼の理論の根幹が開発経済学にあり、完成品である工業製品の輸出こそが経済成長の鍵だと考えたからである。ここにフィッシャーの限界がある。

日本の代表的なアントウェルペンの研究者である中澤勝三によれば、一五六七年九月から翌六八年九月のあいだに、金額でみた場合、ロンドンに輸入された商品のうち、三九・三パーセントがアントウェルペンからのものであった。アジアやヨーロッパの産品は、アントウェルペンからロンドンへと輸出された。

ポンド高は、イギリスの輸入にはプラスに働いたと考えられる。しかし、遅くとも一五八五年のアントウェルペン陥落以降は、アントウェルペン以外の地に輸入品を求めたということはできよう。イギリスは、輸出だけではなく、輸入においても、アントウェルペン市場の影響から脱していくのである。

## アントウェルペンからアムステルダムへ——北海の人口移動

アントウェルペン商人のディアスポラが一段落すると、アムステルダムが北海の人口移動の中心的役割を担うようになった。

イエレ・ファン・ロットゥムの研究によれば、一七〜一八世紀において、北海沿岸地域の多くの人びとが、オランダに移住した。次頁の地図4から、一六五〇年頃には、明らかに多くの人びとがオランダに移住してきたことがわかる。スコットランド移民はポーランドに行く方が多かったが、ドイツや北欧から、大量の移民がアムステルダムに押し寄せてきた。地図5をみると、一七五〇年頃になっても、低下傾向にあるとはいえ、北欧とドイツから、オランダへの移民が多かったことが読み取れる。北海全体で、活発に人びとが移動していた。一七世紀になると、おそらくアントウェルペンから、アムステルダムへと人びとの移住先が変わったのだ。ただし、アムステルダムに一時、ないし一、二世代だけ滞在し、他地域に移住する商人も多かったことも事実である。

アントウェルペン商人のディアスポラにより、北西ヨーロッパに、統合された商業空間が誕生した。さらにアムステルダムを中心とするオランダに向かい、北海は一つの経済圏として確立するようになっていった。このような空間が拡大していく過程こそが、ヨーロッパ世界経済の拡大を意味

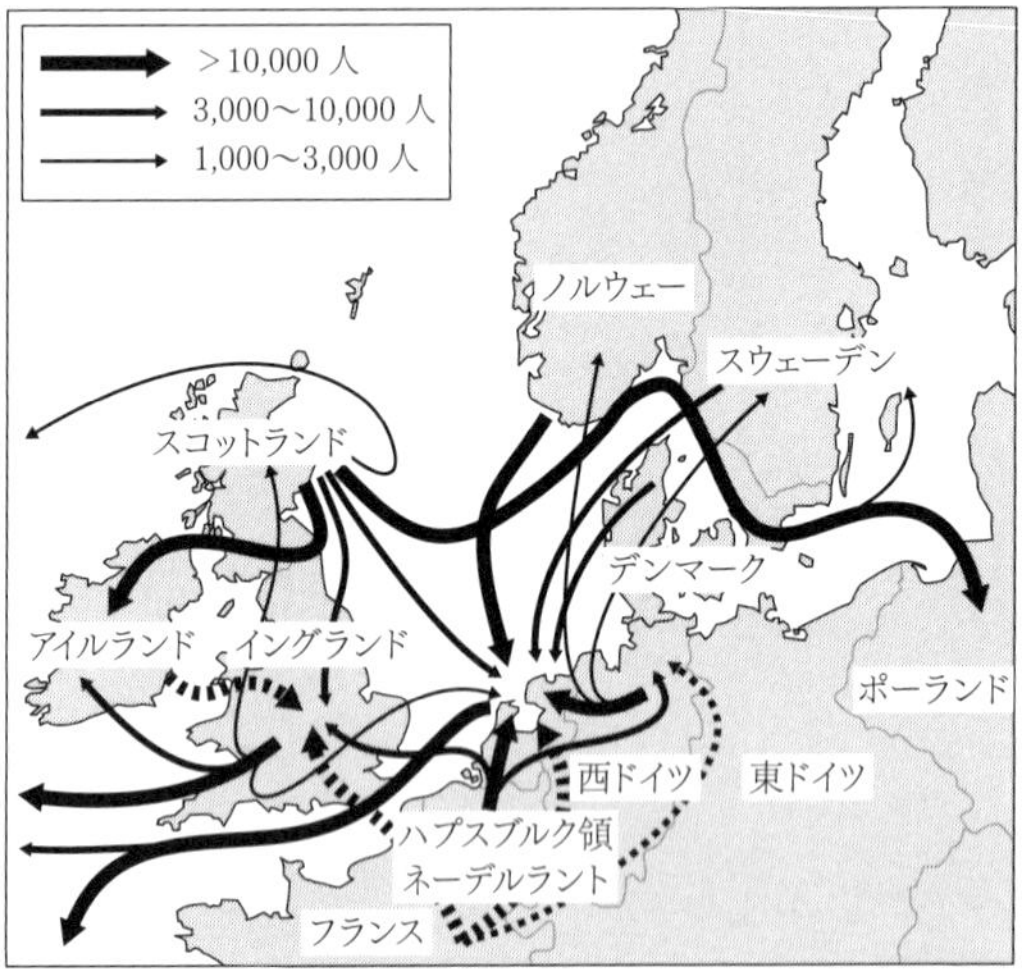

地図4　1650年の移民

出典：Jelle van Lottum, *Across the North Sea*, Amsterdam, 2007, p.40.

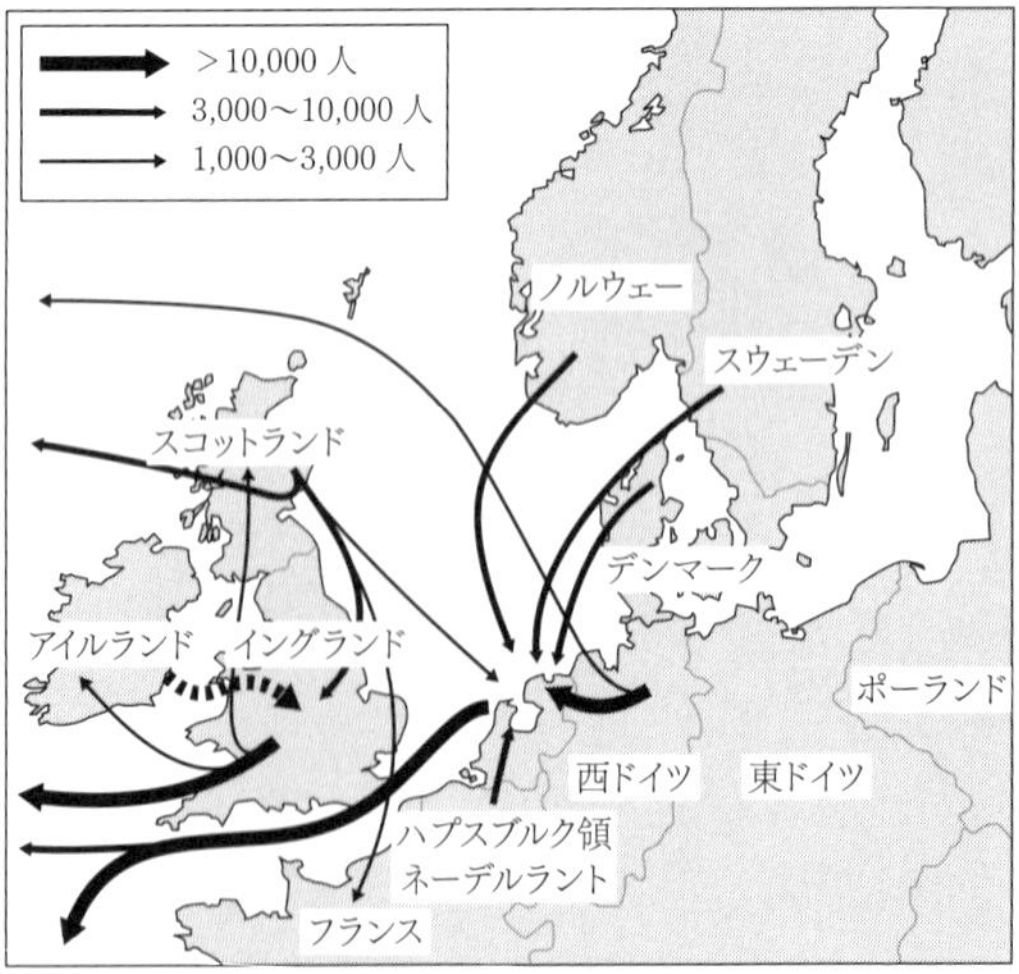

地図5　1750年の移民

出典：Jelle van Lottum, *Across the North Sea*, Amsterdam, 2007, p.40.

した。

ロットゥムによれば、アムステルダムとロンドンを比較すると、一七世紀後半から、ロンドンの方が移民の比率が高くなる。一五五〇～一八五〇年まで、ロンドンの人口に占める移民比率は一〇～二五パーセントであったのに対し、アムステルダムは、一六〇〇年の三〇パーセントをピークにして、一八世紀後半にはほとんどゼロになってしまう。

ただし、ロンドンはイギリス国内の移民が多かったのに対し、アムステルダムは国外からの移民を引きつけた。すなわち、一八世紀後半になっても、ロンドンではなくアムステルダムが、北海沿岸地域の国境を越えた人口移動の中心であったと考えられるのである。しかも一七～一八世紀においては、アジアやアフリカの港湾施設で働いていたオランダ人は、一万人ほどいたと推測されている。

一方イギリスは、ピューリタンのみならず、貧民が新世界アメリカの植民地に移住したことが証明されている。地図5でイングランド西部から海外に向かった人びとは、おそらく北米に向かった。すなわち、イギリス帝国内部に移民が向かったのである。

## イギリス帝国の鍵を握るバルト海貿易

一六世紀後半から一七世紀前半にかけ、イギリスはバルト海貿易で黒字を出していた。主要な輸出品は毛織物であった。ところが一七世紀後半から一八世紀にかけてはイギリス側の赤字になった。イギリスからバルト海地方に輸出する毛織物量は伸びず、亜麻、麻、木材、タール、鉄などの造船資材が輸入されるようになっていったからである。鉄は、工業用の原材料でもあった。

これは、イギリスの経済的変化を反映している。バルト海地方は、イギリスの毛織物輸出先から、帝国化・工業化に必要な原材料供給地域に変貌していったのだ。バルト海地方はすでにオランダによってヨーロッパ世界経済に組み込まれていたが、イギリスによって位置づけを変えられた。穀物ではなく、イギリス帝国形成に必要な造船資材、さらに産業革命に必要な鉄の供給地帯となった。

一八世紀後半には、イギリスのバルト海貿易における主要貿易相手国はスウェーデンからロシアに代わり、そして首都となったサンクト・ペテルブルクから大量の亜麻、麻、鉄などが輸入されるようになった。イギリスの大西洋貿易は、(ノルウェーからのマスト材輸入も多かったが)バルト海地方からの輸入品によって可能になったのである。

イギリスの貿易統計であるCustoms 3によれば、ロシアとの貿易赤字額は、一七三一年に一三万ポンドだったのが、一七七一年には一一二万ポンドと、大幅に増えた。サンクト・ペテルブルクから輸入される造船資材は、イギリスの「帝国」形成に必要な造船業・海運業の強化のために欠くことができないものとなった。ロシアとの関係こそが、イギリス帝国存亡の鍵となっていった。

一八世紀において、バルト海貿易で使用される船はなおオランダ船がもっとも多かったが、ロシアをヨーロッパ世界経済に組み入れたのはイギリスであった。それはおそらく、イギリスの主要な鉄輸入先が、一七六〇年代にスウェーデンからロシアにスイッチしたことによって生じた。

しかもボスニア湾においても、イギリスの重要性は増していった。そもそも一四世紀に成文化された「ボスニア海域商業強制」では、オーボ市民以外のフィンランド、ニィランド、ローデン、ヘルシングランド、イェストリークランドから来るすべての人びとは、ストックホルム以外のいかなる地でも船で商業をおこなってはならないと決められていた。したがってフィンランド（東ボスニア湾）産のタールは、ストックホルムをへてイングランドに輸入された。

しかしフィンランドは、「ステープルの自由」がスウェーデン議会を通過したことで、一七六五年から外国貿易に直接従事できるようになったのである。フィンランドはタールの直接輸出に乗り出し、その主要輸出先はイングランドであった。

ストックホルムにいったん輸入されるかどうかは別として、東ボスニア湾もまた、イギリスによってヨーロッパ世界経済に編入された。

## 地中海貿易とイスラーム勢力

以上、北海・バルト海の商業空間の統合をみてきたが、それでは地中海はどうだったのかを論じよう。

古代の地中海世界は、ローマ人の内海であった。ではそれは、中世になるとどのような変貌を遂げたのか。古代から中世にかけてのヨーロッパ経済の変容をみていくとき、ピレンヌテーゼの検討は欠かせない作業である。ピレンヌはその著書『ムハンマドとシャルルマーニュ』で、ムハンマドによりイスラーム世界が誕生したので、古代地中海世界の統一性は打ち破られ、ヨーロッパ世界の中心は内陸部に移ったと主張した。メロヴィング朝（四八一〜七五一）とカロリング朝（七五一〜九八七）には断絶があった。メロヴィング朝には、古代ローマ以来の地中海商業の伝統が残っていたが、カロリング朝になると、それがついえた。カロリング朝の国王であったカール大帝（在位：七六八〜八一四）

は、ムハンマドが地中海世界に侵入したからこそ帝位につけたというのである。

日本では、現在もなお大きな影響力をもつこのようなピレンヌの説は、欧米の学界、いや日本の西洋中世史家のあいだでも、否定されている。現実には、地中海が完全にムスリムの海になったことはなく、古代からずっと、ヨーロッパ岸ではヨーロッパ人による交易がつづいていた。イスラーム勢力によって、西欧がビザンツからも切り離された閉鎖された社会になったとは、もはや考えられてはいない。

現実には、ムスリム商人とヨーロッパ商人による交易もあった。イスラーム国家は、西欧から奴隷を輸入していた。たとえば、フランスのヴェルダンとイスラーム支配下のイスパニアのあいだでの奴隷貿易がそれにあたる。アラブ人が、イタリア—プロヴァンス間の海上交通を妨げることはなかった。

むしろ主張すべきは、イスラーム勢力の台頭により、地中海で異文化間交易が発展したことであろう。具体的には、地中海が、ローマカトリック信徒、ビザンツ帝国（東方正教会）の商人、そしてムスリムの海になったのである。このような多様な宗派による貿易がおこなわれたことは、北海・バルト海とは大きく異なる地中海の特徴だといってよい。

しかも、イスラーム勢力が大きく拡大したため、地中海は、より大きな世界とつながることになった。アッバース朝（七五〇〜一二五八）の最盛期の支配領域は、イベリア半島から中央アジアまでおよんだ。地中海は、いくつもの異文化を含む交易圏を形成する、その広大なネットワークに接続された。地中海のネットワークは、イスラーム勢力の台頭によって、むしろ大きく広がったのである。

## 地中海の異文化間交易

地中海商業の担い手は、おそらく一般にはイタリア商人と思われているが、それ以外にも、マルセイユ商人が活躍していた。さらに、ムスリム商人の活動も盛んであった。近年の研究では、イタリアの海事法とイスラームの海事法の内容はよく似ており、そのため異文化間交易が可能になったということも主張されるようになっている。したがって地中海の商業を論ずるとすれば、イスラーム側からのアプローチが欠かせないが、ここではヨーロッパ側からのスケッチを提示するにとどめなければならない。

しかも残念ながら、誤解をおそれずにいえば、日本では、イタリア貿易史の研究はあまり進んでいない。イタリアの中世商人の研究は多いが、それらから貿易史研究までの道のりは遠いようである。とりわけ、本来重要であるはずの近世の貿易史研究が手薄である。もとより、地中海は北海とバルト海よりはるかに大きい。統計史料があまりないことも一因となっていよう。また大著『地中海』を書いたフェルナン・ブローデルでさえ、その視野はほぼヨーロッパの地中海に限定されており、地中海の東側のイスラームの海にまでおよんでいないことを想起するなら、それも仕方がないのかもしれない。

ただここで二つ、異文化間交易の具体的な事例を挙げてみたい。フランチェスカ・トリヴェラートの研究によれば、自由港リヴォルノに居住していたイベリア系ユダヤ人であるセファルディムが、一八世紀に、地中海産のサンゴをインドのゴア在住のヒンドゥー教徒に輸出し、彼らは、ダイヤモンドをセファルディムに送った。このような事例からも、地中海から紅海を縦断し、インドにまで到達した異文化間交易のルートがあったことがわかるであろう。

さらに日本では深沢克己が、マルセイユの捺染技術の伝播を分析し、少なくともその一部は、インドから、アルメニア人により、陸上ルートで伝播したことを実証した。

このような大規模な異文化間交易は、近世の北海・バルト海貿易では、考えられない。

## 近世イタリアの先進性

地中海の貿易を考察するにあたり、アジアとの関係を無視できないことは、ここに述べた事例だけでも明らかであろう。

そもそもローマ教皇インノケンティウス三世（在位：一一九八〜一二一六年）の提唱でおこなわれた第四回十字軍で、ヴェネツィアが主導権を握ってコンスタンティノープルを陥落させ、商業圏を拡大させたことをみても、ヴェネツィアの商業力がいかに強かったか、わかるであろう。さらにヴェネツィアでは、一三三〇年代に長距離貿易のための法的制度が整備された。

ヴェネツィアとジェノヴァは、長期にわたり、ヨーロッパ側の地中海貿易の覇権をめぐって争い、やがてヴェネツィアが勝利したことはよく知られる。アジアから、胡椒や香料がアレクサンドリアに到着し、それをまたイタリアまで輸送し、さらにヨーロッパ各地に再輸出することで、巨額の利益をあげた。

ヴェネツィアには国営の造船所があり、多数の船舶がここで製造された。ヴェネツィアは都市国家であったが、その領土は地中海のあちらこちらにおよんだ。また、フィレンツェのメディチ家にみられるように、金融業を営み、場合によっては国王にまで貸付をすることがあった。イタリアは、明らかに一六世紀頃まではヨーロッパの先進地帯であった。

一六世紀初頭のヨーロッパをみれば、北イタリアの産業にこそ大きな未来があるとみなす方が理にかなっていたであろう。スウェーデン経済史の泰斗、ラース・マグヌソンによれば、フィレンツェやヴェネツィアのような都市国家は、昔から工業が繁栄していた。すでに一三世紀において、フィレンツェには産業革命が開花するために必要な条件がほとんど揃っていた。とくに毛織物産業では強くみられたが、皮革の生産・なめし他の生産分野においても、裕福な商人によって前貸問屋制工業に資金が提供され、組織化されていた。一三世紀初頭のフィレンツェは、キリスト教世界最大の都市であった。

イタリアはこれほどまでに先進的であったのに、なぜ持続的経済成長を達成できず、オランダが「最初の近代経済」となったのだろうか。

マグヌソンの考えでは、イタリアは都市国家であったため、国家の力が小さく、国家が経済に介入して経済成長を達成するということができなかった。

いわゆる主権国家が誕生すると、国家はときには武力を用いて市場を保護し、市場活動を円滑にすることに成功した。都市国家の規模をあまり出ないイタリアには、そのようなことは不可能であった。一九世紀にいたるまで主権国家を形成できなかったイタリアは、北方ヨーロッパ諸国の軍隊により蹂躙《じゅうりん》されたというわけだ。

## 銀行業・保険業の中身

たしかに、そのような側面もあった。だがここでは、それとは違う観点から論を展開したい。そもそもイタリア経済は、それほど先進的であったのか。

イタリアでは、世界に先駆けて銀行制度が発展していったといわれる。世界最初の銀行は一四〇六年にジェノヴァで創設されたサン・ジョルジョ銀行とされる。

しかし、イタリアの銀行では、為替や貸付、投資機能が大きく発展したものの、銀行の貸出によって通貨供給量が増えるという信用創造制度は発展しなかった。換言すれば、こんにちの銀行がもつ金融仲介機能（預金者から集めた金を企業に貸し付ける制度）は有していなかった。このような機能は、一八世紀のイギリスで大きく発展する。

しかも、イギリスでは、イングランド銀行が国債を発行し、その返済を議会が保証するという「ファンディング・システム」が発達したが、そもそも主権国家ではないイタリアではそういうことは不可能であった。

また、イタリアは海上保険業が他地域に先駆けて発展した地域として知られる。地中海全体でイタリアの商船が活躍したのだから、それは当然のことであった。

そのイタリアとは異なりハンザでは、保険業は発達せず、一隻の船舶を複数の人で所有する船舶共有制度が発達した。たとえば各人が異なる額の持分を購入し、一隻を複数の人びとで分担して所有し、事業遂行のリスクを軽減した。したがってバルト海地方と異なり、イタリアは保険業の先進地域であったとされるのである。

しかしその保険業も、本来必要であったはずの確率論を欠いていたため、発展には大きな限界があった。確率論は、パスカル（一六二三〜六二）と、フェルマー（一六〇一／〇七〜六五）によって急速に発達し、とくに後者が大きく貢献した。この二人の書簡集の研究をしたキース・デブリンは、以下のように述べる。一六五四年の「パスカルの手紙から一〇〇年のうちに、平均余命表がイギリスの終身年金の基礎となり、ロンドンは海運保険ビジネスの中心地として栄えた。もしこの保険がなければ、海運業は巨大なリスクを引き受けられるほど豊かな者だけに独占され続けていただろう」、と（キース・デブリン著・原啓介訳『世界を変えた手紙――パスカル、フェルマーと〈確率〉の誕生』岩波書店、二〇一〇年、四頁）。

ある事象がどれほどの確率で起こるのかということこそ、保険料の算出に欠かせない知識である。この知識がなかったとすれば、当然、保険をかける場合に生じる現実のリスクは正確にはわからない。一六世紀のイタリアでは、そのための方法は正確には知られていなかった。したがってイタリアの保険業の発達は、決してそのまま現代につながるものではなかったことに注意すべきであろう。そもそもイタリアのシステムでは、まだ正確な保険料が計算できなかったはずだからである。

これらのことから、銀行業・保険業の両方で、イタリアの発展そのものに決定的な限界があったことに気づかざるをえない。イタリアの金融システムの発達は、そのままでは近代的な世界を創出することはなかったと考えられる。

しかも、生態面での限界があった。イタリアでは造船業のために森林が切り倒されていった。地中

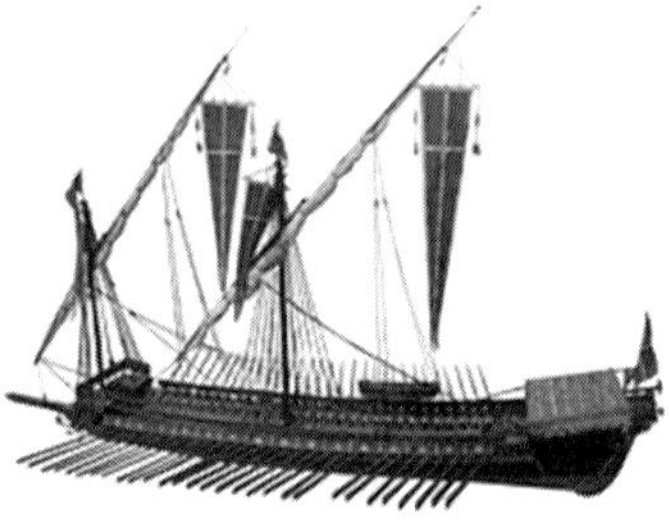
16世紀のガレー船

海では、森林を伐採すると、ふたたび森林地帯になることはほとんど考えられなかった。そのため造船業と海運業が衰退することになり、北方ヨーロッパのように大規模な商船隊を有することは不可能になった。

ブローデルによれば、フェリペ二世は、伐採して輸送しなければならない木材を、ポーランドで購入しようとした。ヴェネツィアは、かつては木材を国外から購入し、国内で帆やマストを装備したり、完全に仕上がった船を外国から購入したりすることを禁じていたが、一六世紀末には解禁された。船乗りの不足は、地中海の支配者たちの大事業を、知らないうちにつねに妨げてきたのである。一六世紀末になると、地中海の諸国や諸都市は北欧の船員を雇うか、雇おうとした。地中海は、北方ヨーロッパから、人間のほかに、新しい技術も借りた。たとえば、コッゲ船がそれにあたる。

地中海では、人間が櫂《かい》をこぐガレー船が長く使用されていた。囚人や捕虜、さらには奴隷、さらには自由民が漕ぎ手として使われた。このような労働集約的な船舶が利用されたのは、おそらく香辛料のような高価な商品を取引しており、彼らの労働コストが低かったからである。イタリアの海運業は、基本的に安価な労働力によって維持されていたのである。安価な労働力の供給がストップしたなら、その繁栄は終わってしまうことになりかねなかった。

## フランスの地中海貿易の中心マルセイユ

イタリアと同様、フランスもレヴァントと盛んに貿易をしていた。このフランスのレヴァント貿易については、深沢克己著『商人と更紗』が、国際的水準を表す。深沢によれば、一八世紀の地中海内貿易の中心になったのは、フランスのマルセイユであった。毛織物はラングドックで集中的に生産され、輸出はマルセイユ商人に独占された。そして、販売先はほぼオスマン帝国の港に限定されていた。

一六六〇年代後半から半世紀以上にわたって東地中海の商業覇権を握っていたイギリスのレヴァント会社に対抗して、一七二〇年代後半から、マルセイユ商人がレヴァントへの毛織物輸出を伸ばすことに成功する。

製造原料はスペイン産の羊毛であり、この良質の羊毛を用いて、比較的薄地の上製羅紗織が製造された。染料としては、スペイン領アメリカ植民地から輸入されたコチニールが用いられた。商品を売って資金を回収するには一二〜一五ヵ月間かかり、それに耐えうるだけの資金があったのは、マルセイユ商人だけであった。

マルセイユの毛織物輸出のために、戦争中に使用されたのは、イギリス船やオランダ船、スウェーデン船などの北方ヨーロッパの船であった。一七二三〜三五年におけるマルセイユからレヴァントへの毛織物輸出量は、年平均一七・六パーセントの成長率を達成する。しかし、一七三八〜四四年になると輸出量は低下する。だが、一七五八〜七七年の上昇により、マルセイユからレヴァントへの毛織物輸出量は大きく上昇する。

一八世紀後半においては、飢饉と疫病により、シリアとメソポタミアの人口が減少したと推測されている。したがってレヴァントの毛織物市場の規模の増大は見込めなくなっていた。さらに一八世紀末になるとオスマン帝国内部でスルタンの統治能力が弱体化し、この地域への毛織物輸出は困難になった。さらにイギリスのレヴァント貿易が一七七五年頃から復活するなどして、フランス産毛織物の地位は大きく揺らぐ。ラングドックの毛織物産業は、以降、衰退していくことになった。

マルセイユの毛織物貿易の興亡は、オスマン帝国によって決まったようである。おそらくイタリアの地中海貿易の盛衰も、オスマン帝国の動向に大きく左右されたであろう。インド・東南アジアから地中海におよぶ異文化間交易のなかで、ヨーロッパはマイナーな地位しか占めてはいなかったのだ。

## 石炭と木炭——北海・バルト海・地中海の資源

北方ヨーロッパに目を向けると、イギリスの石炭は、北海に面する諸地域に輸出された。北海とバルト海沿岸では、前者の方が人口は稠密《ちゅうみつ》である。したがって熱源として、木炭だけではなく石炭も必要とされた。そのすべてではないにせよ、一部を供給したのはイギリスであった。イギリスの石炭は、デンマーク（ノルウェー）、ドイツ、さらにはオランダに輸出された。イギリスの石炭はいわば、北海経済圏の熱源の安全弁として機能したのである。

バルト海地方は、熱源としては、石炭地帯ではなく木炭地帯であった。そもそもバルト海地方の人口はあまり多くない。そのため、石炭を使用する必要はあまりなかった。またバルト海地方には森林資源が豊富であり、木炭が大量に利用できたことも重要であろう。

それに対して地中海経済圏においては、森林資源が枯渇していったので、木炭はあまりなかった。さらに、イタリアにはイギリスとくらべるとはるかに少ない石炭生産量しかなかった。こんにちのイタリアでは、石炭はほとんどまったく生産されていない。したがってイタリアの経済成長は、天然資源の付与という点で大きな限界があったことを認めなければなるまい。こうしたことからもイタリアから、世界最初の産業革命が生み出されたとは思われないのである。

地中海世界は、そしてイタリアは、おそらく近世のどこかで、生態的な限界に直面することになった。

## 地中海の穀物不足

元来、地中海は、穀物については自給自足することができた。しかし、一六世紀末になると、それが不可能になる。ヨーロッパの小麦価格は、一六世紀に突入する頃から上昇するようになり、金に換算した場合、一六〇〇年頃にピークに達した。さらに銀に換算した場合の穀物価格は、地中海地方においては、一六〇〇年頃に最高になった。

しかも、デンマークの歴史家クリストフ・グラマン（一九二三〜二〇一三）によれば、この頃、地中海全域に食糧不足が発生していたのである。そのため、一七世紀初頭のイタリア商人は、外国船の進入を許すほかなかった。ジェノヴァ、ヴェネツィア、リヴォルノは、穀物を大量に輸出していたダンツィヒと定期的な事業関係を結んだ。

食糧不足は、程度の差はあれ、ヨーロッパ全土でみられた現象であった。地域による偏差を正確に知ることは、残念ながら困難である。それでもなお、北大西洋諸国とくらべると、地中海諸国の方が食糧不足は深刻であったことは、まちがいあるまい。それは、オスマン帝国も含め、地中海地方は元来食糧の自給自足が可能であったが、一六世紀末になるとそれが不可能になり、輸入が増えることからも明らかであろう。ブローデルいわく、「一六世紀は都市世界に対して常に微笑んできたわけではない。食糧不足と疫病が立て続けに都市を襲った。輸送の遅さと高すぎて手の出ない値段の輸送費、

| 年度 | ルアン | カレー | ディエプ | モスクワ | アムステルダム | ダンツィヒ | ハンブルク | リューベック | エムデン | アントウェルペン | イギリス |
|---|---|---|---|---|---|---|---|---|---|---|---|
| 1573-74 | - | - | 2 | - | - | - | - | - | - | - | 12 |
| 1577-78 | - | - | 1 | - | - | - | - | - | - | - | 7 |
| 1578-79 | - | - | - | - | - | - | - | - | - | - | 9 |
| 1580 | - | 2 | - | - | - | - | - | - | - | - | 2 |
| 1581 | - | - | - | - | - | - | - | - | - | 1 | 13 |
| 1582 | - | - | - | 1 | - | - | - | - | - | - | 10 |
| 1583 | - | - | - | - | - | - | - | - | - | - | 4 |
| 1584 | - | - | - | - | - | - | - | - | - | - | 6 |
| 1585 | - | - | - | - | - | - | - | - | - | 1 | 8 |
| 1590-91 | 1 | - | - | - | 12 | 7 | 12 | - | - | - | 6 |
| 1591-92 | - | - | - | - | 37 | 8 | 33 | 9 | 2 | - | 3 |
| 1592-93 | - | - | - | - | 29 | 14 | 14 | 2 | 3 | - | 16 |

表4　リヴォルノ港に入港した船舶数（単位：隻）

出典：F. Braudel et R. Romano, *Navires et Marchandises à l'entrée du port de Livourne*（*1547-1611*）, Paris, 1951, p. 50f.

収穫の不安定のために、どの都市も年がら年中食糧不足の危機にさらされている。ごくわずかな余分な負担があれば都市は参ってしまう」。

地中海地方では、一五七〇年頃から、オランダ船が活躍しはじめる。それは、この地方が、北方ヨーロッパからの穀物輸入を余儀なくされたからである。前頁の表4はブローデルとロマーノが作成した有名なものであり、リヴォルノ港に入港する船舶数を表している。リヴォルノは自由港であり、外国の商人に良い施設を提供できたために発展した。表4に示されているように、アムステルダム、ダンツィヒ、ハンブルクからの船舶数が大幅に上昇している。しかも小麦、とりわけ北欧小麦――おそらくポーランドから――の輸入量が急増していることは、注目に値する。これは単に一時的な食糧不足ではなく、地中海地方の慢性的食糧不足を意味した。

## 有数の海運国家スウェーデン

地中海に流入したのはオランダ船だけではなかった。近世のスウェーデンは、ヨーロッパ有数の海運国家となった。とりわけ一七二四年にスウェーデン航海法（Produktplakatet）を発布すると、スウェーデンの海運業は、さらに活発になった。

スウェーデンは、地中海へと進出する。一七世紀後半になると、地中海のさまざまな港へと、地中海の産品を運ぶトランプ海運（tramp shipping）がしばしばおこなわれるようになる。

このように、スウェーデン海運業の発展の重要性を主張するのは、レオス・ミュラーである。スウェーデン西岸ないしバルト海南岸のスウェーデン領ポンメルンを出航した船は、同じ航海のシーズン中にスウェーデンと地中海とを行き来したが、ストックホルムや現在のフィンランドからの船は、六月から八月のあいだに航海を開始し、翌年の航海のシーズンになってようやく帰国することもあった。このような船が、トランプ海運に従事したのである。スウェーデン船は、マルセイユとリヴォルノ間の航海のために使用された。

坂野健自の研究によれば、スウェーデンの商品を積みマルセイユに向かったスウェーデン船は、マルセイユで積荷を降ろしてから、ワインやブランデーなどのフランス商品を地中海内の地域に輸送し、南欧の塩を本国に帰港する際に輸送したこともあった。また、マルセイユに到達した鉄の一部が、オリエントやイスラーム教徒のバーバリ諸国（北アフリカ）などに再輸出されたケースも存在するようである。

このように、スウェーデン船のなかでマルセイユへ向かった西航船は、地中海での海運業や貿易で活躍した。

他方、ポルトガルへ向かったスウェーデンの船舶には、そこで植民地物産を積み、地中海諸都市へ航海し、越冬し、ポルトガルのセトゥバルや地中海諸都市から塩を積んでスウェーデンに帰港するというケースがあった。

地中海でスウェーデン船が使われたのは、中立船であり、戦争による影響を受けることが少なかったからである。しかしまた、イタリアで造船業に必要な木材が枯渇していったことが理由として考えられよう。

## 地中海を呑み込んだ北方ヨーロッパ

本章ではオランダ船とスウェーデン船を取り上げたが、むろん、イギリス船なども大量に地中海に流入してきた。そもそも、一六世紀後半から一七世紀前半にかけ、地中海で毛織物を売るために、イギリス人がイギリス船で、オランダ人がオランダ船でやってきたのである。その数はきわめて多かった。イタリアの毛織物産業は衰退し、イギリス船、オランダ船が活躍し、イタリア船の活動は低下していった。

バルト海地方との海運業では一八世紀になってもオランダに勝てなかったイギリスであったが、地中海では、互角以上の戦いができた。地中海にはバーバリ海賊（ムスリムの海賊）がいたので、バルト海で使用していたフライト船のような非武装船をオランダは使えず、バルト海貿易で享受していた利点を、地中海の貿易では活かすことができなかった。

イギリス、オランダ、スウェーデンのほかに、デンマーク船も活躍した。デンマークもスウェーデンと同様、中立政策をとり、地中海での貿易を伸ばすことができた。

北海・バルト海諸国の船舶が地中海にどっと押し寄せてきたのに対し、地中海の船は、ほとんど北の海に行くことはなかった。北海・バルト海に面する国々によって、この二つの海と地中海が一つの商業圏になったのであり、その逆ではなかった。イタリア船が地中海で活動しなかったのではない。北海・バルト海では活動しなかったのである。この点からも、北方ヨーロッパのヨーロッパ地中海世界に対する優越性がわかるであろう。ブローデルがいうように、地中海人は、一五世紀末にはじまった世界支配の勝負で、北方ヨーロッパや大西洋の船員に対して、決定的に負けることになる宿命であった。

オランダを中心として生まれたヨーロッパ世界経済は、北方ヨーロッパの海運業の発達により、地中海を呑み込んでいったのである。

第三章

# 大西洋経済の形成とヨーロッパの一体化

## 戦争の世紀

ヨーロッパの歴史とは戦争の歴史であるといっても過言ではあるまい。だからこそ欧米の歴史学界では、日本よりも軍事史の研究がはるかに盛んである。しかも、戦争と社会とのかかわりは、日本よりずっと密接である。

欧米の歴史学界で、「軍事革命」がさまざまなところで論じられるのは、そのためである。この概念は一九五〇年代にスウェーデン史の泰斗、マイケル・ロバーツが提唱したものであるが、現在ではむしろ長年アメリカで教鞭をとったジェフリ・パーカーが著した『軍事革命』(邦訳は大久保桂子訳『長篠合戦の世界史』同文舘、一九九五年)によって知られる。その内容は、以下のようにまとめられよう。まず、火器の使用により、軍事技術が大きく発展したことがもっとも重要である。戦争の規模は拡大し、徴兵制が導入されるなど、社会に大きな変革がもたらされた。

ウィリアム・マクニールの考えでは、火器の使用以前には騎馬民族の弓が最大の破壊力をもつ武器であった。したがって軍事革命により、ヨーロッパで火器が使用されるようになると、火器こそが最強の武器になる。そのため遊牧騎馬民族の勢力は低下し、ヨーロッパの他地域に対する優位がもたらされたのである。

しかしこのような軍事力の発展は、同時に、ヨーロッパ諸国の財政に大きな負担をかけた。こんにちと比較するとはるかに税収源が少ない近世において、戦時になれば巨額の資金が必要となり、さまざまな国の財政が借金漬けになる。

時代が下るにつれ、戦争は大規模化していった。一七世紀にはヨーロッパ内部での戦争がほとんどであったが、一八世紀になると他地域での戦争が増える。それは、ヨーロッパ各国の税負担をますます増加させた。

このような状況において、ヨーロッパ経済は成長し、やがて他地域を植民地化するようになった。いったい、それはどうして可能になったのであろうか。

## どうやって借金を返したのか

この点の研究で、もっとも重要な人物はパトリック・オブライエン（一九三二〜）である。彼は、イギリスがフランスと異なり、巨額の借金を返済しながら経済成長を実現できた理由について、以下のように論じた。

王政復古からナポレオン戦争終結までのイギリスは、対戦争遂行のために国債を発行し、その返済のために、税金を主として国内の商品にかけた。すなわち内国消費税として国内で生産された商品に課税し、その税収をもとに借金の返済をしていこうと試みた。

内国消費税は、貧民の生活必需品を慎重に避けながらおもに奢侈品にかけられた。すなわち、需要の所得弾力性が高い（所得が上昇すれば、それ以上に購入が増える）商品とサービスにかけられたのである。そのため、税収が経済成長以上のスピードで増大することになった。イギリスは、ビール、石炭、石鹸、皮革、ガラスなどに税金をかけたのである。

一方、フランスの税収の基盤は地租にあった。この税は、需要の所得弾力性が著しく低い。フランスはたとえ経済成長をしたとしても、あまり税収の伸びは期待できなかった。イギリスは借金をしても、内国消費税による歳入増によって返済することが可能であったが、フランスにはそれが不可能であった。

このようなオブライエンの議論をもとにするなら、財政政策こそ、国家の経済成長を左右したということができよう。イギリスは戦争のために借金をしたが、巧みな財政政策により経済成長以上のスピードで税収を増やした。この議論をもとに、ヨーロッパ全体が戦争を遂行しながら経済成長をしたのはなぜかという視座を提示しているのだ。

## 継続された取引

しかしながら、オブライエンの議論は、あまりに国家の政策を重視しすぎている。現実には、程度の差はあれ、関税は、ヨーロッパ諸国の重要な財源であった。ヨーロッパが戦争によっても経済成長をつづけることができたのは、貿易を継続することができたからでもある。

ヨーロッパ経済が全体として発展したのは、商人が各地に移住し、彼らが同一宗派のみならず、他宗派に属する商人とも取引をしたからである。それにより、多種多様な商業情報が多くの地域にもたらされた。だからこそ、ヨーロッパ全体で取引量が拡大したのであり、経済成長につながった。

このようなネットワークがあれば、戦争によりある港で取引ができなくなったとしても、別の港がその代替港として機能することができた。しかも、ヨーロッパには、ハンブルクに代表される中立都市、スウェーデンやデンマーク、さらにはアメリカなどの中立国があった。戦争が起こったときに、これらの都市や国の船舶を使いさえすれば、交戦国どうしでも取引することができた。たとえば、英仏が交戦中にイギリスからフランスへと商品を輸出したければ、ハンブルク船を使用すればよかった。あるいは、ハンブルク市の紋章を掲げたイギリス船を使うことで、取引を継続できたのである。

だからこそ、ヨーロッパは戦時においても経済を成長させることができた。

## 大西洋貿易のインパクト

日本人の研究者は、ヨーロッパの経済成長におけるアジアの重要性を強調することが多い。しかし、ふつうに考えれば、アジアではなく大西洋経済の形成こそが、ヨーロッパの経済成長に大きく寄与したとなろう。

アジアとの貿易は古代ローマ帝国以来、ずっとつづいていた。どの程度の貿易量であったのかはわからないが、シルクロードもあった。アジアの商品は、ヨーロッパ人によく知られていた。それに対して新世界は、いわば突如として出現した新天地だったのである。もしこの土地がなければ、ヨーロッパは大西洋をまたいだ奴隷制を開始することもなく、ジャガイモを食べることもなく、砂糖の消費量も少なく、貧しい地域であったはずである。このようなことからも、大西洋貿易の方が、アジアとの貿易よりも大きなインパクトをヨーロッパに与えたと考えるべきであろう。

著名なオランダ史家ヤン・ド・フリースの推計では、喜望峰まわりのルート（ケープルート）よりも、大西洋貿易の方が圧倒的に取引額の伸びが大きかった。彼はいう。「おそらく一六〇〇～五〇年

（一七世紀の危機）をのぞいて、大西洋貿易は、長期的には、アジアと比較して二倍以上のスピードで増大したのである」。やはり一八世紀においては、大西洋経済の台頭の方が、ヨーロッパ経済に与えたインパクトも大きかったと判断して差し支えないだろう。したがって第一に大西洋経済の形成、第二にアジアとの取引量増加が重要であった。

## 国際貿易商人ロビンソン・クルーソー

ここで、北海・バルト海・地中海・大西洋がどのように関係していたのかを的確に示す典型的な国際貿易商人として、よく知られるロビンソン・クルーソーを取り上げたい。

日本の経済史学界では、ダニエル・デフォー（一六六〇〜一七三一）が描いたロビンソン・クルーソーは、中産階級に位置する農民の代表的人物とみなされてきた。それは、日本の経済史学界を長くリードしてきた大塚久雄（一九〇七〜九六）によってそのように紹介されてきたからである。これに対し本書では農民ではなく商人の代表としてのクルーソーを提示するが、その前にまず、大塚のロビンソン・クルーソー像を紹介してみよう（大塚久雄『社会科学の方法』岩波新書、一九六六年）。

投機的商人であったロビンソン・クルーソーは、孤島に流され、たった一人で二〇年以上暮らした。まず、流れ着いた土地で、この土地の主人だということを宣言した。当時の第二次エンクロージャー運動の影響を受け、土地を囲い込み、農業生活を送る。もともとは冒険的な商業で一攫千金をめざしていたことを反省して、バランス・シートをつくり、合理的な計算をした生活を営むようになる。これは、イチかバチかの投機的事業を特徴とする商人の世界とはまったく対照的であった。やがて彼が発見され、故郷のイギリスに帰ると、商人をやめ、地主になり、より地道な生活を送るようになる。

大塚によれば、孤島でのロビンソン・クルーソーの生活様式は、当時台頭しつつあった農村工業を営む中産階級のそれを示す。

このようなことが長く信じられてきたのだが、現実には、ロビンソン・クルーソーは当時の商人の代表であって、決して農民の代表ではない。彼の生活様式、さらには生涯が、国際商業に従事する商人そのものであった。

## 孤島での生活様式

ロビンソン・クルーソーは、難破して孤島に漂着すると、まず、命が助かったことを神に感謝する。船のなかに残っていた小麦や鉄砲、弾薬などをもちだし、住居を囲い、自分はそこの主人であると宣言する。大塚によれば、これは当時の土地囲い込み（エンクロージャー）と同じ行為である。囲い込み地のなかで、ヤギを飼い、小麦をまき、食糧を増やしていく。

たしかに、これらは農民の生活そのものにみえる。だがこのような合理性は、じつは商人にもあった。商人は、できるだけ商業のリスクを少なくするために、その場に応じてできるだけ経済合理的な活動をした。クルーソーの行動は、その現れととらえるべきであろう。しかしここでより重要なことは、誰の土地であるのかわからない土地に漂着したのに、「ここは俺の土地だ」と宣言したことである。こんにちの研究では、これは、イギリス帝国主義の特徴を端的に表す。

当時のイギリスでは、第二次エンクロージャーにより、毛織物工業が発達していた。クルーソーは囲い込み地のなかに仕事場をつくるが、それは、農村の仕事場と同じことを意味する。このようにデフォーは、『ロビンソン・クルーソー』で、当時の農村工業を描き出そうとしたというのが、大塚の解釈である。

クルーソーは、漂着してから、毎日日記をつけた。しかもバランス・シートまで作成する。クルーソーは、孤島での生活があたかも一つの経営であるかのごとく簿記をつけ、損益勘定をつける。大塚は、着実に成功しようという生活習慣は、当時の中産社会層のものであり、冒険的な事業をおこなう商人とは正反対の習慣であって、ロビンソン・クルーソーは、商人であった過去の荒稼ぎの習慣を反省し、農村の中産社会層の生き方を身につけたと説明する。

だが、大塚の説明とはまったく異なり、バランス・シートを作成し、簿記や日記をつけるのは、むしろ商人の特徴である。商人は、イチかバチかの商業をするのではなく、緻密にリスクを計算し、そのうえで冒険的事業に乗り出す。

大塚久雄は、農村の毛織物工業からイギリス近代が生まれたと考えていたので、その典型としてロビンソン・クルーソーを取り上げたわけだが、じつは、彼は当時の国際貿易商人の典型であった。

## 海を行き来する国際貿易商人

ロビンソン・クルーソーの父はドイツのブレーメンに生まれ、イギリス東岸の港町であるハルにやってきた。そして、ヨークシャーに移り住んだ。息子のロビンソンは、このような父の影響を受け、国際商業に乗り出す。地中海にまで行き、そこでバーバリ海賊につかまってしまう。さらに、ブラジルの農場を経営する。そして——大塚久雄は知らなかったことだが——、カリブ海の島に漂着する。やがて故国に帰ると、地主として生活する。大塚久雄は、これを、投機的な商業からの撤退だと考えた。

ロビンソンの父の移住形態をみていると、北海・バルト海貿易に従事する商人の移動そのものである。また、この当時イギリス商人は地中海でも事業をしており、バーバリ海賊に捕虜にされることもあった。息子の行動はその一例となる。またロビンソン・クルーソーは、国境とは関係なく、ポルトガル領であったブラジルで農場に投資している。さらにブラジルからカリブ海に行くときに漂着した島は、むろん西インド諸島にあった。

西インド諸島は、本格的な展開はまだ先のことだが、砂糖の生産で知られる。さらに、ブラジルでは、奴隷貿易もしていたので、ロビンソン・クルーソーは大西洋貿易に従事する国際貿易商人であったと考えられる。また、ブラジルから西インドへの航海では、セファルディムの航路をたどった。ロビンソン・クルーソーは、そのネットワークのなかで活躍した。また商人は、どの国でも、引退してから地主になるのがふつうであった。当時の船舶での生活は体力を消耗し、貿易活動とは、決して長くつづけられるものではなかった。だからこそ、彼らは引退すると、地主になって余生を送ったのである。

このように、ロビンソン・クルーソーは当時の国際貿易を体現した商人であり、決して農村工業で活躍する中産階級の代表ではなかった。そもそもデフォーは、『完全なるイギリス商人』という本を書いている。そこからも、デフォーの作品が、農村工業を描いたとはおよそ考えられない。ロビンソン・クルーソーは、北海・バルト海・地中海・大西洋を行き来した商人であった。ロビンソン・クルーソーには、この当時の国際貿易商人のエッセンスが詰まっている。『ロビンソン・クルーソー』からも理解されるように、バルト海・北海・地中海・大西洋は、一つの商業圏を形成していたのである。

## 歴史のアメリカ的解釈

ところで、ヨーロッパの新世界への進出は、ヨーロッパ経済にどういう影響を与えたのか。たとえば高名なスペイン史家J・H・エリオットは、新世界が旧世界に与えた影響の大きさを主張した。これは、「歴史のアメリカ的解釈（American Interpretation of History）」と呼ばれる。

現在の経済史研究の動向は、これとは逆方向に流れているようである。この議論は本質的にはヨーロッパの産業革命において、内生要因（ヨーロッパ内部の要因）と外生要因（ヨーロッパ外部世界の要因）のどちらが重要であったかという議論であり、結論は現在のところ出ていないが、ヨーロッパの研究をみるかぎり、前者の方が主流であるように思われる。

フランスでもっとも有名な経済史家の故フランソワ・クルゼ（一九三二～二〇一〇）も、グローバル経済史家として名高いパトリック・オブライエンも、ヨーロッパの自生的経済成長を支持しているようである。オブライエンは、近代世界システムの提唱者ウォーラーステインに対して、ヨーロッパの経済成長に対し外部世界が寄与した割合は、たった一五パーセントであった、といった。「たった」というべきか、「一五パーセントもあった」というべきかは、論者によって解釈が変わる。むしろ驚くべきは、このような計算ができると無邪気に信じている欧米の、さらには日本の一部の経済史家ではないだろうか。

計量経済史家は、量的な変化を重視し、質的な転換を軽視する態度を取りがちである。たとえ少量であろうとも、新商品が流入すれば、その程度にかかわらず、経済に大きな影響をおよぼすことは不可避であるはずなのだが、計量経済史家は、そのような側面には目を向けない傾向が強い。歴史の質的変化は、すべて量的変化で表されるとさえ考えているようである。あえていうなら、彼らはすべてを「経済成長」という概念で説明したがり、「経済発展」という言葉を使おうとはしない。

大西洋経済の形成を軽視する態度は、日本の経済史家にもときおりみられる。ヨーロッパで麻を中心とするプロト工業（農村の手工業）が発展し、そこから産業革命が生まれたという主張がなされる。ある経済史家は、「ヨーロッパの自生的発展をみるためには、世界システム論ではなくプロト工業化論の方がすぐれている」と述べた。これは、あまりにサプライサイドの見解であり、商品はつくれば売れるという前提に立っている。そればかりか、イギリス産業革命の揺籃の地となったマンチェスターは、決してプロト工業化の先進地帯ではなかったことを見逃しており、説得力のある議論ではない。

仮にプロト工業化地帯から産業革命が発生したとしても、その地では、イギリス産業革命があったから、綿織物を導入したのである。イギリス産業革命の影響を無視して、他国の産業革命について論じるべきではない。

最近、日本では竹田泉の研究により、アイルランド産のリネンが大量に販売されていたことが証明された。イギリスの奨励金を付与されて輸出されたアイルランド製粗質リネンは、一七五七年の約二三〇万ヤードから一七七一年の約四二〇万ヤードへと、大きく伸びた。それでもなお、リネンの市場は世界全体に広がるものではなかったことを認識するべきであろう。綿製品は、何度も洗えるうえに、通気性がよく、暑い地域でも寒いところでも着ることができる。同じ下着といっても、麻よりははるかに着心地がよい。したがって、イギリスが大西洋貿易により、綿製品の生産に成功したことこそ、産業革命の根幹をなすのである。

しかし、イギリスは大西洋貿易では新参者であった。

## ヨーロッパ人の内海となった大西洋

一四九二年に、スペイン女王イサベルの支援を受けたコロンブスは、同年西インド諸島を「発見」する。現実には、この頃すでに船乗りのあいだでは、大西洋を西に行くとこれまで知られていなかった世界があるとの噂が立っていたといわれる。また、序章で述べたように、紀元前一五〇〇年頃から、西アフリカにいた黒人が西インド諸島へと航海していた。北米大陸では、ヴァイキングの居住地が発見されている。だが、ヴァイキングは永住的な居住地を築くことはできず、やがて北欧へと帰っていった。

南米の銀は、アジアとの貿易をおこなううえでも必要であった。南米の銀を輸出することで、ヨーロッパはアジアとの貿易ができたからである。とすれば、もし新世界の「発見」がなかったなら、ヨーロッパにはアジアに輸出するものがなく、きわめて大きな経済的困難に陥ったと想像できる。

しかしまた一方で覚えておかなければならないのは、ごく最近の研究によれば、スペイン銀のほとんどが輸出されたのではなく、スペイン領アメリカにとどまり、この地方の経営のために使われた比率は、以前考えられていたよりずっと高かったということである。銀は、スペイン領アメリカ国内でも用いられた。だからこそ植民地が、ある程度自律的な経済制度を享受できた。

むろん銀以外にも、新世界にヨーロッパ産の商品や家畜が流入し、新世界からヨーロッパには、さまざまな作物が輸出された。これは、「コロンブスの交換」と呼ばれる。

だが、銀以外の新世界の物産がすぐに大量にヨーロッパに流入してきたわけではない。おそらく一般的に考えられているのとは異なり、新世界からヨーロッパが輸入する商品が大きく増えたのは、ほとんどの国で、一八世紀の後半のことにすぎなかった。

このように長い時間がかかったのは、当時のヨーロッパにとって、大西洋は広すぎたためであろう。大西洋経済を形成するシステムは、ヨーロッパ人にとってまったく未知のものであり、完成まではきわめて時間がかかったのは当然である。だからこそパトリック・オブライエンが、果たして大西洋経済形成のコストが、そこからえられた利益を上回るほど大きかったのかという問題を提起したのである。しかしまた、膨大な費用をかけて形成された大西洋経済なしには、産業革命もヨーロッパの台頭も考えられないということを銘記すべきである。

非常に長い時間をかけ、大西洋は「ヨーロッパ人の内海」となった。そのための時間と費用は、信じられないほど莫大なものだった。奴隷をアフリカから新世界に運び、彼らにプランテーションなどで労働させ、栽培した商品をヨーロッパに送った。これほど大規模で短期的な人口移動は世界史上はじめてであり、しかもそれ以降もなかった。プランテーションで栽培されるもっとも重要な商品は砂糖であった。このようなシステムを最初に構築したのはポルトガル人であった。他の国々は、その真似をしたといえる。

地中海での砂糖生産の手法をポルトガル人が大西洋にあるサン・トメ島やマデイラ諸島に移植し、それをさらにブラジルに伝えたのである。砂糖生産により、大西洋経済は成立したといって過言ではない。

このようなシステムの構築に成功したからこそ、ヨーロッパ経済は大きく発展した。言い換えるなら、それほどのコストをかけても、大西洋経済形成は、ヨーロッパ人に見合うほどの利益を生み出したのである。しかも、たとえば七年戦争（一七五六〜六三）の直後でさえ、北米よりもカリブ海諸島の方が経済的に重要だったことにも注目すべきである。

ようするに、新世界の「発見」から一八世紀後半まで、大西洋経済とは基本的には中南米経済を意味した。北米経済の重要性はそれと比較すると非常に小さかった。本質的に大西洋経済形成にとって重要なことは、西アフリカから奴隷を持ち込み、新世界で砂糖を生産させるシステムであった。このシステムが形成されていく過程で、大西洋はヨーロッパ人の内海となったのである。

やがてイギリスが輸入した綿花がイギリスで綿製品となり、産業革命を引き起こすが、大西洋貿易全体をみれば、それはまったく例外的な現象であった。イギリスの大西洋貿易だけが、産業革命を生み出したのである。それが世界の歴史に大きな変革をもたらしたのである。

マルセイユ
パリ
リヨン
ビスケー湾
アゾレス諸島
バレンシア
地中海
セビーリャ
ニューヨーク
セウタ
マデイラ諸島
大西洋
カナリア諸島
リヴォルノ
ハバナ
ベラクルス
ジャマイカ
バルバドス島
セネガル
ギニア
デメララ
ギニア湾
サン・トメ島
ペルナンブーコ
レシーフェ
バヒーア
リオデジャネイロ
モンテビデオ
ブエノスアイレス

大西洋の地図

## イギリスと他の国々との相違

大西洋貿易の拡大は、まずスペイン、ポルトガルというイベリア半島諸国、さらにイギリス、フランス、オランダ、デンマーク、スウェーデン、ブランデンブルク・プロイセンによって担われた。さらに、ハンブルクという小都市でさえ、奴隷貿易をおこなっていた。

バルト海貿易と東インドとの貿易に隠れてめだたなかったオランダの大西洋貿易も、現実にはかなり大きく拡大していたことが、近年の研究により明らかになっている。一八世紀のオランダに富をもたらしたのは、バルト海貿易や東インド会社ばかりではなかったのである。

北欧の小国であるデンマークとスウェーデンもまた、西インドに植民地をもち、積極的に大西洋貿易に乗り出した。デンマークは砂糖を生産し、さらに奴隷貿易をおこなった。スウェーデンは、アメリカ独立戦争期に中立貿易で巨額の利益を獲得した。

注目すべきことに、イタリア諸国は参加していない。もとより、国家の規模が小さく、都市国家にすぎないのであるから、大西洋を横断する貿易は不可能だったのかもしれない。しかし、ハンブルクが奴隷貿易に従事していたことを考慮に入れるなら、イタリアにそれができなかったとは思われない。これこそ、イタリア経済の衰退を如実に示す現象といえよう。あるいは、大西洋経済形成に乗り遅れたからこそ、衰退したといえるかもしれない。

まず、スペインとポルトガルが、南米との貿易で巨額の利益をえた。さらに、一八世紀になっても、イベリア半島の二国の南米からの砂糖、コーヒーの輸入は、急速に増えていたのである。

こう考えるなら、やはり一八世紀の大西洋貿易拡大におけるイギリスの地位は、過大視されているとしかいいようがない。最近やや是正傾向があるとはいえ、北大西洋貿易と比較すると、南大西洋の研究ははなはだしく遅れている。両地域の貿易額を比較すると、南大西洋の貿易額の方が多かった可能性すらある。しかもラテンアメリカからスペイン、ポルトガル、ないしフランスに輸入された植民地物産（砂糖、コーヒー、カカオ、染料など）は、多くの場合、ハンブルクに再輸出された。

したがって、むしろ問題とすべきは、イギリスと他国との大西洋貿易システムの相違である。さらにそれは、ヨーロッパ内交易における、イギリスの独自性にも関係している。

一八世紀においても、ヨーロッパ内部においては、個々の商人は、国家の保護にあまり頼ることなく貿易していた。しかし大西洋はバルト海や北海と比較するとはるかに大きく、具体的な統計はないが、貿易に投下される資本はずっと多額であったはずである。大西洋貿易は、ヨーロッパ内貿易にくらべて、はるかに国家間の利害関係が強かった。

たしかに、商人は、大西洋貿易に従事するとしても、国家というものをあまり意識することはなかった可能性もある。それを如実に現すのが、ポルトガル領のマデイラ諸島から大西洋をへてアメリカに一八世紀に輸出されるワインを扱ったデイヴィッド・ハンコックの『ワインの大洋』である。この本では、戦争の話がほとんど出てこない。商人は、非常に自由に貿易に従事できたように思われる。しかしこれこそ、実証史家が陥りやすい罠である。

大西洋のような広大な地域で貿易するには、国家の軍事力を用いて保護する必要があった。商人が意識せずとも、国家が貿易活動に大きく介入していたのである。商業面からみれば、一八世紀のあいだ、ヨーロッパ諸国は大西洋貿易を拡大するために戦争をおこなっていたのであり、それにくらべれば、北海・バルト海での戦争は、貿易にあまり大きな影響をおよぼすものではなかった。大西洋貿易の拡大によって、ヨーロッパははじめて、世界的規模での経済戦争に突入したのである。そして、その勝者はイギリスであった。イギリスはもっとも効率的に、自国の商船を敵国の軍隊から保護したのである。

商人は、貿易する地域が広大になればなるほど、たとえ利益は大きくとも、外敵から身を守るための武装コストは大きくなる。ときとして、武装コストは、利益額を超える。そのため国家は、軍事力によって商人の活動を保護・支援し、商人ができるだけ余分な負担をしないように心がけなければならない。大西洋経済形成のために国家の軍事費が増えていったのは、それが大きな理由であった。かつて商人が負担していた商業活動遂行のための軍備コストを、国家が負担するようになったのである。

中世から近世の初めにかけ、商人は、海賊などの襲来から身を守るために、武器を積んで航海しなければならなかった。商船と軍艦は未分離であった。しかし国家が商船を保護するようになると、だんだんと商船と軍艦は分離してくる。商船は武器を積む必要はなくなり、国家の艦隊に保護されるようになった。保護のための費用を支払う必要はなくなり、商業遂行のコストは低下していった。その代表が、イギリスであった。

大西洋貿易とヨーロッパ内貿易とでは、大きな差異がみられた。すなわち、一八世紀のヨーロッパ諸国は、新世界との貿易においては、ときには間接的だとしても、国家の強力なバックアップを受け

が経済的にもっとも重要だとはいえなかった。一七世紀においては、カカオの輸出こそがスペインの中米貿易の生命線であった。こんにちのベネズエラから一七世紀にメキシコに輸出されるカカオは大きく増加する。そのカカオは、スペインの大西洋貿易における最大の貿易港カディスに大量に送られた。

カカオの重要性は、一八世紀になると低下した。一七四七～九六年のカディスの主要な輸入品の輸入額をみると、カカオがなおトップに位置し、八万三六六〇ペソであり、砂糖が第三位であり、六万四六四一ペソである。これらは、ラプラタ川沿いの地域——一部はベネズエラ——から輸入された。スペイン領中南米の砂糖輸出は、むしろ一九世紀に重要になる。たとえば一八二〇年代には、キューバからハンブルクに大量の砂糖が流入している。さらに一八四〇年代になると、キューバは世界最大の砂糖生産地となった。キューバの奴隷貿易数が大きく上昇するのは、このようなことが原因だと考えられよう。

## フランスの「経済的奇跡」

一八世紀のフランスでは、地中海貿易が停滞したのとは反対に、大西洋貿易は大きく伸びた。なかでもフランスの経済史家であるクルゼが「一八世紀の経済的奇跡」と表現したほどに、ボルドーの貿易量の伸びは印象的であった。ルイ一四世が死去した一七一五年からフランス革命が勃発した一七八九年まで、フランスは国際貿易で主導的役割を果たした。その中核となったのがボルドーであった。ボルドーの伝統的な輸出品は後背地で産出されるワインであり、一七〇〇年頃には、輸出品の大半が

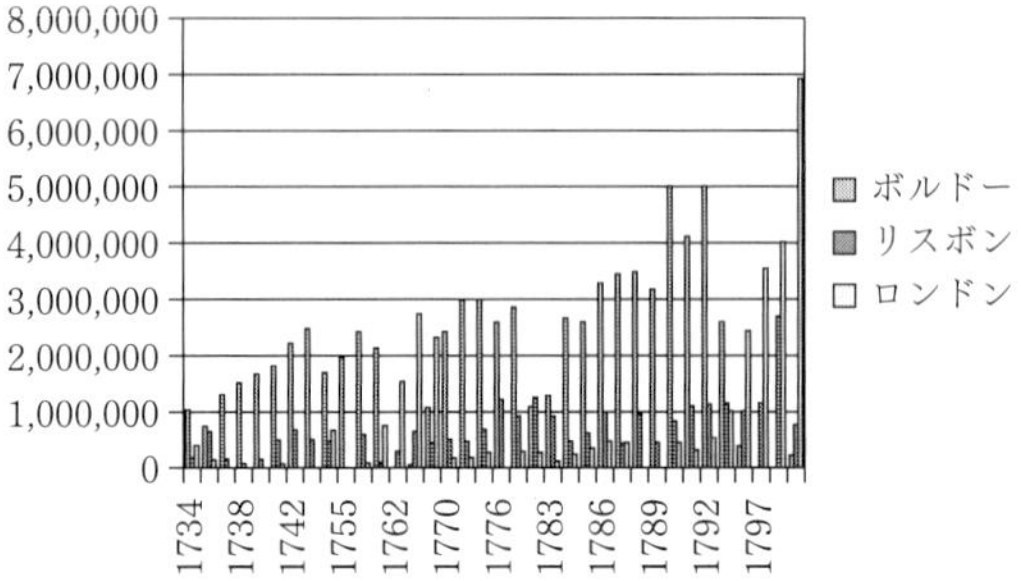


図1　ハンブルクの砂糖輸入先（単位：マルク・バンコ）
出典：Jürgen Schneider, et al. (Hrsg.), *Statistik des Hamburger seewärtigen Einfuhrhandels im 18. Jahrhundert: nach den Admiralitäts- und Convoygeld-Einnahmebüchern,* St. Katharinen, 2001.

ワインであった。ところがこの都市は、急速に植民地物産の再輸出を増大させたのである。しかしそれは、以前からのワイン貿易のネットワークをそのまま利用したものであり、この点では、旧来の貿易システムを延長したものであった。

一八世紀の初頭においては、フランスの対西インドの貿易の中心都市はナントであった。一七一七年には、ボルドーのシェアはわずか二〇パーセントにすぎなかった。しかし一七三六年に、ボルドーはナントを追い抜く。一七八五年には、ボルドーから出港する船舶が、大西洋貿易に従事するフランス船のうち三四パーセントを占めており、ボルドーからの植民地物産再輸出量は、フランス全体の約半分に達したのである。ナントは奴隷貿易に従事し、ボルドーは、植民地物産の輸入と再輸出をおこなう重要な港湾都市になったのである。ナントの砂糖と同様、ボルドーの砂糖はフランス人ないしドイツ人の手によって輸送された。

ハンブルクの貿易統計は、一七三三年からしか残されていない。したがって確実な結論を導き出すことはできないが、ハンブルクの台頭は、おそらくボルドーの貿易増と強く結びついていた。図1からわかるように、ハンブルクはボルドーから多くの砂糖を輸入していたことが、その傍証となろう。

西インド諸島のアンティル諸島には、大量の奴隷がアフリカ西岸から送られた。奴隷は、一七一九年に設立されたフランス・インド会社によって運ばれた。同社は一七二六年に奴隷貿易にかかわる特権をセネガルのみに縮小されたが、なお一七六七年まではこの特権を保持した。黒人奴隷が生産した砂糖は、フランス船でフランスまで運ばれた。フランスへの航海には、六〜九週間かかった。一七三〇年に六〇〇〇万ポンドに近かった砂糖輸出量は、一七九〇年には一億八〇〇〇万ポンドにまで増加した。輸出量は戦争のため、大きく変動した。

フランスが輸入した砂糖の多くは再輸出された。フランスは、輸入された砂糖の三〇〜四〇パーセントを食しただけであった。それとは対照的に、イギリスは、約七五パーセントを国内で消費した。

ボルドーをはじめとするフランスの砂糖はヨーロッパ各地に再輸出され、なかでもハンブルクへの再輸出量が多かった。ハンブルクには多数の製糖工場があり、さらにフランスから追放されたユグノーの亡命地として重要だったこともその理由となろう。フランスの製糖工場は、ヨーロッパの製糖業で主導的地位についたことは決してなかったのである。

## 一八世紀ボルドーの貿易発展とハンブルク

ボルドーの貿易史については、ポール・ビュテル（一九三一〜）の研究がもっとも詳しい。一七世紀のボルドーは、アムステルダムが最大の貿易相手であった。一七世紀のアムステルダムは、フランスにブラジル産の砂糖を供給していた。さらに一八世紀初頭にボルドーに移住した外国人としては、オランダ人がもっとも多かった。しかし一七一一年には、二〇名のハンザ商人が居住し、オランダ商人の数を少しだけ上回るまでになった。

北ドイツの港湾諸都市から移住してきた商人は、ボルドー商業の発展にとって大きな役割を果たした。とくに、ハンブルク商人の活躍が顕著であった。一八世紀のフランスとハンブルクの貿易のほとんどは海上ルートによるものであり、陸上ルートによるものは皆無に近かった。ハンブルクはフランスの商品をスカンディナヴィア、ロシア、中欧に運んだ。ハンブルクはフランスとの取引を増やしたが、とくにボルドーとの取引が盛んであった。

フランス側の統計をみても、砂糖もコーヒーも、ハンザ都市（リューベック・ブレーメン・ハンブルク）への輸出量が多い。さらにそのなかでも、ハンブルクへの輸出量が増大する。一六九九年から一七〇〇年にハンザ都市に向けてボルドーを出港した船舶のうち、二八隻がハンブルクに、一四隻がリューベックに、一〇隻がブレーメンに向かった。

フランスと北方ヨーロッパ諸国の中継地点として、アムステルダムではなく、ハンブルクの方が重要になっていく。注目すべきは、ボルドーがアンティル諸島に代表される植民地との貿易を増大させたのは、オランダではなく、ハンザ都市、とくにハンブルクとの貿易量が増えた時代だったことである。ボルドーを中心とするフランスの新世界との貿易拡大は、ハンザ商人、とりわけハンブルク商人との関係が緊密になっていくことによって起こった。

ハンブルク商人は自分たちで商業に従事し、リスクを負ったのに対し、オランダ商人は通常委託販売を引き受けたにすぎなかったので、しばしばフランス商人が損失を被った。

フランスは一八世紀後半になると、ハンブルクへの輸出をかなり増大させた。フランスはヨーロッパ内での取引の中心を、アムステルダムからハンブルクに移していった。少なくともフランスの輸出面からみれば、アムステルダムの貿易港としての機能の一部は、ハンブルクに移ったということができよう。

## 英仏の新世界植民地の争奪戦

イギリス史では、一六八八年の名誉革命から一八一五年のウィーン条約締結までのあいだは、「長い一八世紀（long eighteenth-century）」と呼ばれる。

イギリスは、この間にフランスと何度も戦争をして、そのほとんどに勝利し、一八一五年には、ヘゲモニー国家になった。

フランスとの戦争は、基本的に新世界植民地の争奪戦であった。大西洋貿易は、それほどまでに重要であった。この戦争に勝ったからこそ、イギリスはヘゲモニー国家になれたのである。しかしフランスの人口はイギリスの二〜四倍もあり、対仏戦争は、イギリスの財政に大きな負担となった。したがってこの時代のイギリスの国家財政に占める軍事費の割合はきわめて高く、財政＝軍事国家と呼ばれることさえある。

七年戦争は、イギリスにとって新世界植民地を保護するための戦争であった。この戦争で巨額の借金を背負ったイギリスは、その負担を植民地に負わせようとした。それは、イギリスにとっては当然の行為であったが、植民地側から、「代表なくして課税なし」といわれ、のちにアメリカ独立戦争が勃発することになった。イギリス人は、自分たちが護《まも》ろうとした相手から大きな抵抗を受けたのである。

「長い一八世紀」のフランスは、時期によってはイギリス以上に貿易を成長させたことがすでにわかっている。したがってイギリスではなく、フランスが大西洋経済を大きく伸ばし、最初の工業国家になった可能性すらあったかもしれない。

## 大西洋経済の形成——イギリスと北海・バルト海

ところで、一八世紀のイギリスは、どの程度貿易を伸ばしたのだろうか。次頁の表7はイギリスの経済史家デイヴィッド・オームロッドが作成したもので、イギリスの地域別貿易額を示す。

この表から明らかになるように、一八世紀初頭のイギリスは、北海・バルト海、地中海と南欧の取引が中心であり、大西洋経済の比重は少ない。一七五二～五四年になってようやく、北方ヨーロッパからの輸入額以上に新世界からの輸入額が多くなる。ただし、輸出額と再輸出額を含めると、それでも北方ヨーロッパの額の方が多い。大西洋と新世界の商品がヨーロッパに大量に流入するのは、一八世紀最後の四半世紀のことである。

このように、量的分析から判断するかぎり、オランダからイギリスへのヨーロッパ経済の中心の移行は、北海・バルト海地方の貿易増の結果だとするオームロッドの見解は傾聴に値する。

イギリスの貿易の比重は、一八世紀のあいだに、大西洋へと傾いていった。イングランドのバルト海貿易が一七世紀後半になって黒字から赤字に転換したのも、イギリスにとって、バルト海地方の輸

| | 北海 | その他 | バルト海／北方ヨーロッパ | 小計 | 地中海と南欧 | 大西洋／植民地と西インド | アジア | 総計 |
|---|---|---|---|---|---|---|---|---|
| 1669-1701 | | | | | | | | |
| 輸入 | 519 | 889 | 583 | 2,001 | 1,555 | 1,107 | 756 | 5,849 |
| 輸出 | 1,078 | 781 | 255 | 2,114 | 1,484 | 539 | 122 | 4,433 |
| 再輸出 | 712 | 451 | 80 | 1,243 | 224 | 312 | 14 | 1,986 |
| 1722-24 | | | | | | | | |
| 輸入 | 575 | 784 | 591 | 1,950 | 1,783 | 1,679 | 966 | 6,758 |
| 輸出 | 936 | 598 | 216 | 1,750 | 2,141 | 758 | 93 | 5,042 |
| 再輸出 | 970 | 778 | 46 | 1,794 | 176 | 487 | 19 | 2,714 |
| 1752-54 | | | | | | | | |
| 輸入 | 909 | 863 | 1,043 | 2,215 | 1,597 | 2,684 | 1,086 | 8,203 |
| 輸出 | 938 | 1,214 | 271 | 2,423 | 2,879 | 1,707 | 667 | 8,417 |
| 再輸出 | 836 | 1,085 | 91 | 2,012 | 285 | 627 | 81 | 3,492 |
| 1772-74 | | | | | | | | |
| 輸入 | 447 | 795 | 1,599 | 2,841 | 1,829 | 4,769 | 1,929 | 12,753 |
| 輸出 | 646 | 822 | 301 | 1,769 | 2,211 | 4,176 | 717 | 9,853 |
| 再輸出 | 1,240 | 1,766 | 217 | 3,223 | 453 | 972 | 63 | 5,818 |

表7　イギリスの地域別貿易額　(単位：1000ポンド　公定価格)

出典：David Ormrod, *The Rise of Commercial Empires: England and the Netherlands in the Age of Mercantilism, 1650-1770*, Cambridge, 2003, p. 354.

出市場としての価値が低下し、造船資材の輸入地域としての地位が確立されていったからである。それは、ある程度北海貿易にもあてはまる。

イギリスは、大西洋貿易を増加させるためにも、北海・バルト海地方から造船資材の輸入を増やした。大西洋から砂糖や綿花を輸入する一方で、イギリスの貿易相手としてロシアが台頭し、とりわけサンクト・ペテルブルクからの造船資材の輸入が増大することになった。しかも、この都市から輸入された鉄は、イギリス産業革命のためにも使用された。サンクト・ペテルブルクから鉄を輸入することがなければ、イギリス産業革命は不可能ではなかったにせよ、かなり遅れたであろう。

ロシアという国があったからこそ、イギリスは近世の重商主義帝国の形成、さらには産業革命に成功した。大西洋貿易の拡大により、ヨーロッパ大陸では、ロシアこそがイギリス経済の生命線となったのである。

北海とバルト海は、このように、おもにイギリスによって大西洋貿易と大きく関連づけられることになった。これらの海は、イギリス帝国形成に必要な地域として位置づけられるようになっていく。

## 帝国間貿易とセファルディム

ヨーロッパのさまざまな国の貿易を横断する、「帝国間」貿易も存在した。それは、各国の利害とは別の、商人による活動が中心であった。

そもそも、近世にいくつもの国で創設された貿易会社は、いわば穴だらけの存在であり、その網の目をかいくぐって他国と貿易することは、難しいことではなかった。戦時になると異文化間交易は難しくなったが、平時には日常のことになった。商人たちは、ブラジル、カリブ海、北米、スペイン領アメリカ、西アフリカなどに、自分が属する国に関係なく投資したことに注目すべきである。

帝国横断的なコミュニティは、すでに一六世紀には存在していた。一五世紀に北西ヨーロッパとイベリア半島を結んでいた経済的絆が、ポルトガル領の大西洋の島々とブラジルにまでおよんだのである。それればかりか、ニュークリスチャンと、もとからのキリスト教徒であるオールドクリスチャンが取引関係を結ぶことさえあった。さらにニュークリスチャンとオールドクリスチャンが結婚することもあった。そうしたことが可能になったのは、大西洋は新しい貿易地域であり、そのぶん、宗派の壁が低くなったからだと考えられよう。

大西洋貿易とは、ヨーロッパ諸帝国の貿易であった。しかしその「帝国」は、それぞれの国を越えた商人ネットワークが存在していたからこそ維持することができた。そのような商人のなかで、もっとも大きな役割を占めたのは、おそらくセファルディムであった。

一五世紀後半にイベリア半島から追放されたセファルディムのネットワークは大きく拡大し、新世界からインドにまでおよんだ。ヨーロッパにおけるセファルディムの拠点としてもっとも重要な都市はアムステルダムであり、ついでリヴォルノ、それについでハンブルク、ロンドンであった。彼らのネットワークが、現実的にどれほどの紐帯があったのかということについては、慎重に判断すべきであろう。とはいえ、大西洋貿易との関係では、セファルディムのネットワークは、北方ヨーロッパの方が地中海よりも重要であったように思われる。

## アメリカ海運業の発達と中立政策

イギリスから独立する以前には、アメリカではいわば「イギリス化」と称すべき事態が生じていた。イギリスの上流階級の生活スタイルを真似て、紅茶を飲むなどしていたように、イギリスとアメリカの文化的一体性は強かった。また、経済的にみても、アメリカはイギリス領にあることで、イギリス同様の扱いを受けるというメリットを享受していた。

だが、一七八三年のパリ条約で正式に独立すると、若き共和国は、イギリスの傘がなくなり、独立した商業活動をおこなわなければならなくなる。イギリスは航海法体制下にあり、アメリカの商品をアメリカ船でイギリス植民地に輸送することはできなかった。

アメリカは戦争の時代に中立政策をとることで、海運業が大きく伸びた。さらにアメリカ商人は、自己勘定で貿易した。

アメリカは、ボルドーとの海運を発展させた。とりわけ、一七九三年からはじまるフランス革命戦争で、それが顕著にみられた。

次頁の地図6と地図7は、一七九一年と一七九三年のアメリカからボルドーへのルートを示す。これらは基本的に、アメリカ船のルートだと考えて差し支えない。そのアメリカ船は、一七九一年の段階では、同国東海岸とボルドーとのあいだを航海するだけであった。一七九三年には、ボルドーから西インドへと船を送ることはなくなった。一七九三〜一八一五年においては、アメリカ以外で製造された商品を積載することが一般的になる。アメリカのボルドーからの輸入品は、おおむね東海岸に着いてから、最終市場へと再輸出されたのである。アメリカの港は、世界の倉庫となった。さらに、アメリカから再輸出されることになった。アメリカは、独立後二〇年間のうちに、イギリスについで世界第二位の海運国家になった。

シルヴィア・マルザガリの研究によれば、次頁の地図8に示されているように、アメリカは地中海

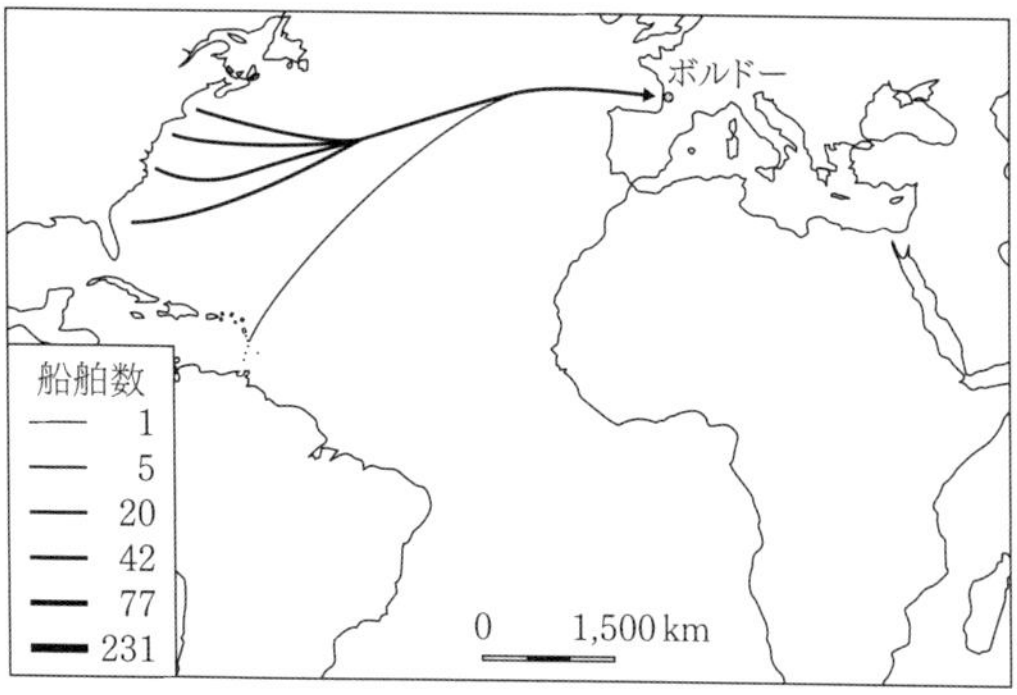


地図6　ボルドーに到着するアメリカ船のルート　1791年

出典：Archives départementales de la Gironde (Bordeaux, France), 6 B 281. (Marzagalli Siliva, "American Shipping and Trade in Warfare, or the Benefits of European Conflicts for Neutral Merchants: The experience of the Revolutionary and Napoleonic wars, 1793-1815",『京都産業大学経済学レビュー』創刊号、2014年、16頁。)

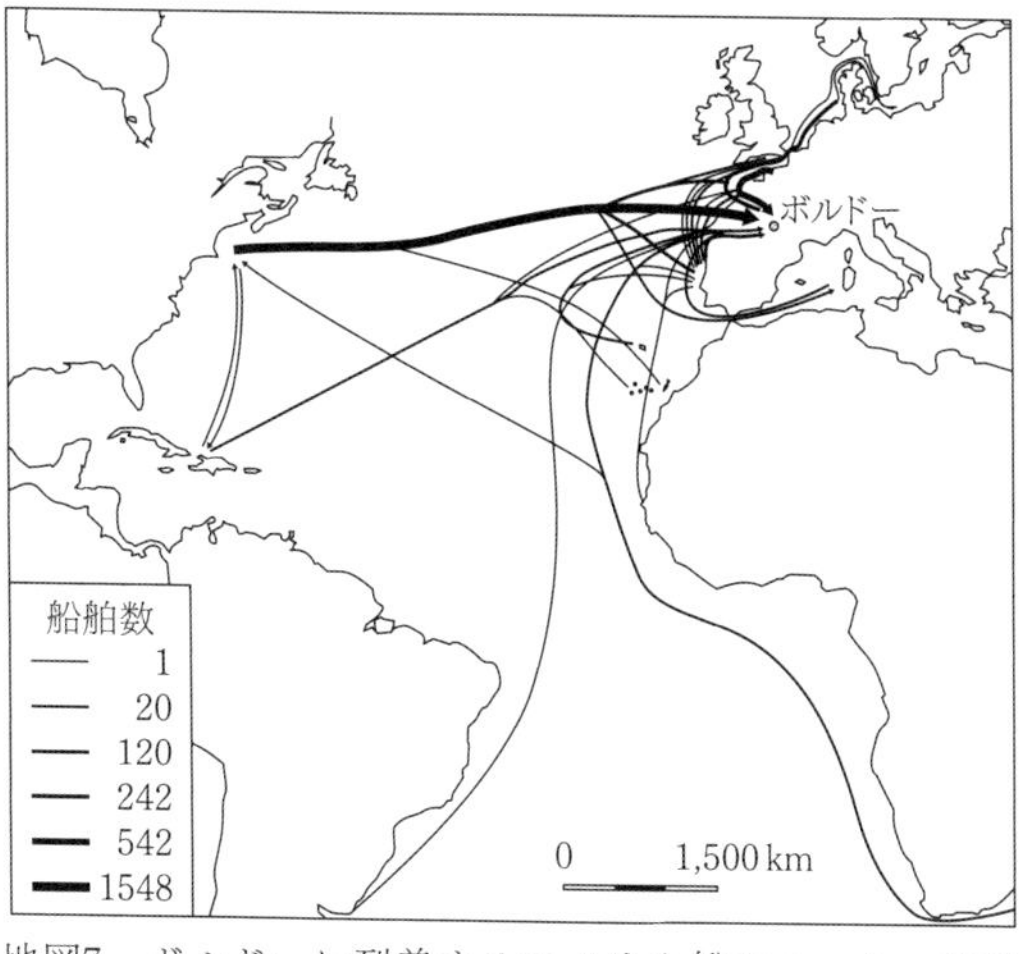


地図7　ボルドーに到着するアメリカ船のルート　1793-1815年

出典：National Archives of the United States, College Park, Maryland, RG 84, and privately owned consular register of arrivals. (Marzagalli, "American Shipping and Trade in Warfare, or the Benefits of European Conflicts for Neutral Merchants", 16頁。)

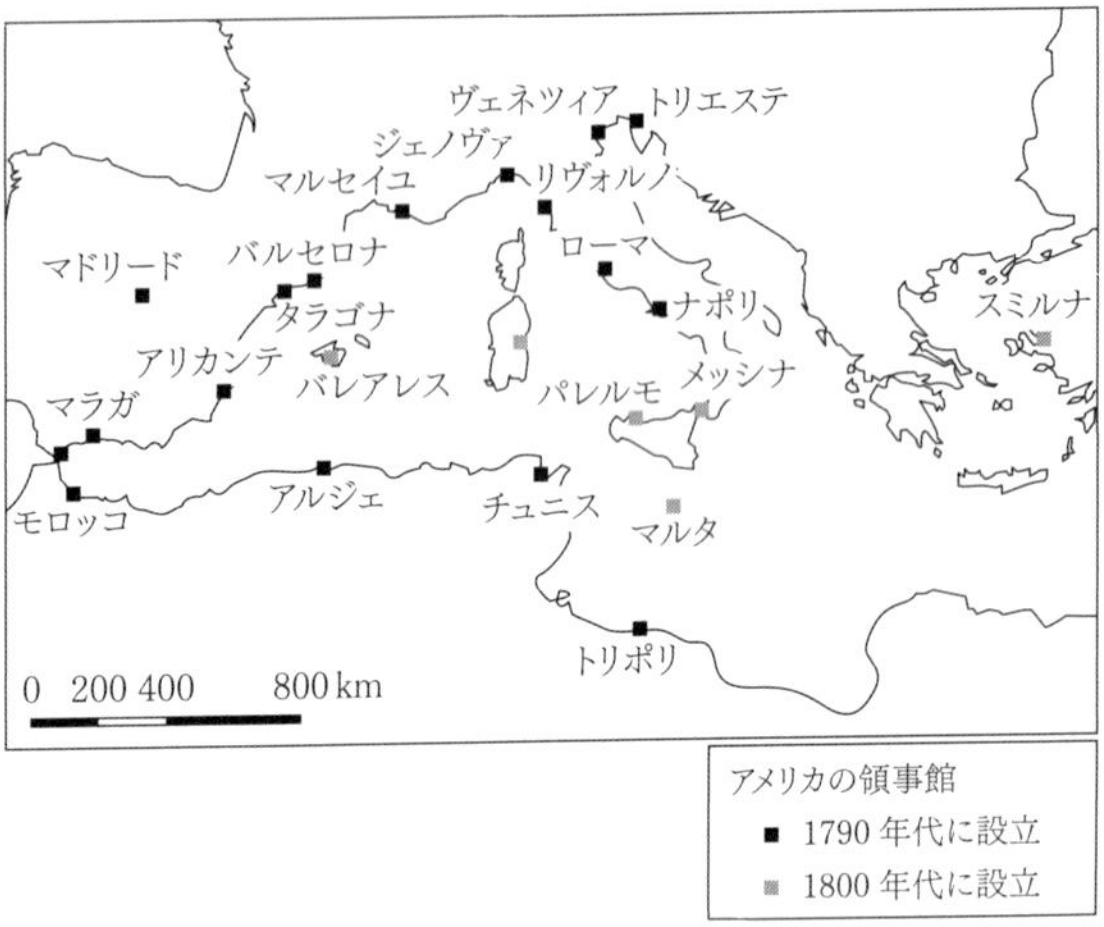

地図8　地中海におけるアメリカ領事館（1790－1810年）
出典：Marzagalli, “American Shipping and Trade in Warfare, or the Benefits of European Conflicts for Neutral Merchants”, 8頁。

で領事館を設立し、スウェーデンやデンマークと同様、中立政策を利用して、貿易を伸ばしたのである。しかも、ここに挙げた地中海の港は互いに代替機能があり、ある港が使えなくなったとしても別の港を使えばよかった。だからこそヨーロッパは、戦時中にも商業活動を継続することができたのである。

　アメリカの船主は、中立政策を最大限に利用した。商船の数はうなぎのぼりに上昇した。たとえば、南米最南端にあるホーン岬に行き、太平洋を横断して喜望峰をまわり、地中海とバルト海に到着することさえあった。

　大西洋とヨーロッパは、ヨーロッパ船だけではなく、アメリカ船によっても結合されたのである。

## 四つの海の結合

北海・バルト海・地中海・大西洋という四つの海は、このようにして一つの商業圏として機能するようになった。

たしかに、多数のイギリス船、オランダ船が、これらの海で使われていたことも事実である。しかしまた、スウェーデン、デンマーク、さらにはアメリカという中立国の船があったからこそ、貿易を継続することができたことも忘れてはならない。

ヨーロッパの港は、地中海にかぎらず、ある港が使えなくなったとしても、別の港を使うことができた。それこそ、戦争を継続しながら経済成長を達成することができたヨーロッパの特徴を如実に現す。

比較的最近までの研究では、歴史家は一つの貿易港の研究に特化し、その港の盛衰だけを研究するというスタイルをとっていた。たとえば、シルヴィア・マルザガリの師匠筋にあたるポール・ビュテルがそうである。ビュテルは、その長い研究生活の大半を、ボルドーの海事史研究にささげた。近世、とくに一八世紀のボルドー海事史については、ビュテル以上に詳しい研究は今後もおそらく出ないであろう。

しかし、ボルドーは重要な貿易港であるとはいえ、ヨーロッパの貿易港のネットワークの一部を形成していたにすぎない。ボルドーの代替港が存在したとすれば、仮にボルドーの貿易量が低下したなら、その港の貿易量が伸び、結果的にヨーロッパ全体でみた貿易量は変わらない。しかも、代替港がフランスにあるとはかぎらない。とすれば、一国が一つの経済単位を構成するという国民経済を前提とする研究自体、大きな問題点を孕《はら》んでいるといって差し支えあるまい。たしかに、フランス革命の勃発により、フランスの貿易量は著しく低下した。だが、フランスに輸入される植民地物産の多くはフランスで食されるのではなく、フランスの港を通じて他のヨーロッパ諸国の貿易港、とりわけアムステルダムとハンブルクに送られていた。ボルドーの代替港があったとすれば、もともとフランスの港からヨーロッパの諸港に輸送されていた植民地物産が、他国の港を経由して送られるようになったにすぎない。

そのような発想に立って研究を進めているのがマルザガリである。彼女は複数の国で複数の言語をもとにした文書館調査をしており、現在、このようなスタイルをとる欧米人研究者の数は、少しずつではあるが増加傾向にある。もはや貿易史研究において、一国の研究史料だけに依存することは、時代遅れになりつつある。

アンティル諸島からボルドーをへてハンブルクに送られていた砂糖は、フランス革命戦争の勃発により、まずアンティル諸島からアメリカに送られ、そこからアメリカ船でイギリスに輸送され、さらにハンブルクに送られた。もちろん、旧イギリス植民地から直接イギリスに輸送され、そこからハンブルクに再輸出されたものもあった。だが、それらの具体的な比率はわからない。

さらに、ウェリングの研究では、一七九五年にフランス軍に占領されたオランダであったが、アムステルダム商人の一部は別の都市に逃れて貿易をつづけた。たとえば、アムステルダムの船舶の半数が、ドイツのエムデンの船舶として登録されたことさえあった。また、ナポレオンが大陸封鎖令を発布する前年の一八〇五年には、アムステルダムは空前の貿易量を誇ることになった。この年が、平和であったからである。アムステルダム商人は、アメリカにまで渡ってヨーロッパ大陸と商業を営んだ。アムステルダムという都市が衰退しても、アムステルダム出身の商人はなお活躍していた。

このようなシステムが形成されていたことは、ヨーロッパの経済成長にとってきわめて重要であり、それが世界の他地域と決定的に異なる点であることは、おそらくまちがいないであろう。とりわけ戦時にヨーロッパの商人は、新世界を含むさまざまな地域に移動して商業活動をつづけたのである。

このように、ヨーロッパには、戦争が起こっても商業活動を継続するシステムが形成されており、それが、持続的経済成長に大きく寄与したのである。

# 第四章 アジア・太平洋とヨーロッパ

## 切り離されたイタリア

一四九八年、ヴァスコ・ダ・ガマの一行がインドの西岸のカリカットに到着した。これにより、ポルトガル海洋帝国は大きく拡大した。さらに、喜望峰ルートでの航路が開拓され、紅海からアレクサンドリアを通り、イタリアに香辛料を運ぶルートはすぐに衰退したと考えられていた。

それに対し、一九三三年にフレデリク・レイン（一九〇〇〜八四）が発表した論文によれば、新航路——喜望峰を通るインド洋ルート——の発見により一時的にポルトガルが優位に立ったが、やがてこの航路の方が地中海経由の航路よりも輸送コストが高く、結局、地中海ルートを使うヴェネツィアが復活した。レインのこの論文については、一九七九年にC・ウェイクが、レインは単位の換算をまちがえており、ポルトガルの香辛料輸送量は非常に多かったと批判した。

どちらの説も、稀少な史料をもとに香辛料輸送量を推計したものであり、信憑性は決して高くはない。とはいえ長期的にみればほぼ確実に、喜望峰ルートを使用して、香辛料をアジアからヨーロッパへと運ぶようになった。

それによってイタリアは、インドと東南アジアのルートから切断されることになった。一七世紀初頭には、イタリアから陸上ルートでインドや東南アジアへとつながる異文化間交易圏からイタリアが切り離され、その代わりにイギリスやオランダ、さらにはポルトガル商人が一翼を担うようになった。イタリア経済衰退の大きな理由の一つは、ここに見出される。またこの事実は、イタリアが、この広大な異文化間交易のなかで、あまり大きな役割を果たしていなかったことを物語る。イタリアは、別の国によって取って代わられた。それに対し、おそらくオスマン帝国に取って代わることは、どの国にもできなかったであろう。この時点ではなお、ヨーロッパよりもオスマン帝国、アジアの経済力の方が強かったと推測できよう。ヨーロッパのアジアへの海上ルートでの進出は、この関係を逆転させることになった。

ポルトガルのアジア進出を皮切りとして、オランダ、イギリス、フランス、デンマーク、スウェーデンなどが、東インド会社などを設立し、アジアとの貿易を促進した。当初はアジアの産品の輸入が主であった。だがやがて、領土の経営に成功する。さらにイギリス東インド会社は、一九世紀中葉になると解散し、イギリス政府がインドを直接統治するようになった。この過程は、ヨーロッパのアジアへの進出をそのまま物語る。

ウォーラーステインの近代世界システムは、国際分業体制を基軸とする。イギリスが工業国となり、アジアが第一次産品輸出地域となった時期を明確に特定することはできないが、せいぜい、蒸気船による貿易が増大した一九世紀中葉のことではないだろうか。もしそうなら、一八四〇年代までしかまだ叙述の対象としていないウォーラーステインが、アジアをヨーロッパ世界経済に取り込めなかった理由もわかるというものだろう。

本章では、アジアとヨーロッパとの関係を、ヨーロッパ側からまとめてみたい。たしかに、中国の朝貢体制は重要であるが、ここでは触れられない。それをヨーロッパ中心史観だと批判する人もいるだろうが、近代世界システムとはヨーロッパで生まれたシステムである以上、そのような叙述スタイルをとるほかかない。

## アジアからヨーロッパへ運ばれた商品

アジアとヨーロッパの貿易に関する研究は無数にあり、そのすべてを読み、消化することは、どのような歴史家にとっても不可能である。ここではまずヤン・ド・フリースの研究に依拠しながら、アジアからの海上ルート（喜望峰まわり）で、ヨーロッパがどのような商品をどの程度輸入していたのかという側面から考察を加えたい。

ヤン・ド・フリースによれば、一六世紀から一七世紀にいたるまで、胡椒と香料（ニクズク・丁子《ちょうじ》・シナモン・メース）が、喜望峰ルートの海運で支配的地位を占めていた。しかし、胡椒は成長部門ではなかった。一五四八年にリスボンで水揚げされるアジア製品の（重量に換算した場合）八〇パーセント以上を占めていたが、一七世紀末には一三パーセントになる。それに対して上昇したのは、オランダ東インド会社とイギリス東インド会社の場合、綿織物であった。一六六〇年代から一七二〇年代にかけ、年平均二・五パーセント増加している。

茶については、インド、セイロン、ジャワで一九世紀にプランテーションが発達するにいたって、中国以外でも商業的に見合う供給源となった。一七〇一年に康熙帝《こうき》が広州をヨーロッパ人貿易商人に開放したあとでさえ、茶は、オランダ東インド会社とイギリス東インド会社の収入の二パーセントしか占めなかった。少なくともこのときには、茶は決して重要なアジアの輸出品ではなかった。

広州では、デンマーク人、フランス人、スウェーデン人、オーストリア領ネーデルラントの人びとが取引するようになった。広州は、海禁政策をとっていた中国で、世界に開かれた唯一の港であった。
一八世紀のうちに、茶の貿易量は大きく増加した。包括的データが利用可能になった一七一八年には、広州に拠点を置くヨーロッパの特権商事会社をあわせると、ヨーロッパに七七万一〇〇〇キログラムの茶が陸揚げされるようになった。アジアの茶輸出拠点はいうまでもなく広州であり、一七一九〜二五年から一七四九〜五五年には、広州からの茶輸出量は、年平均六・七パーセント上昇した。これらの商品は、喜望峰ルートでヨーロッパに送られたのである。茶が、主要輸出品として台頭していく。

このような変化は、使用される船舶のトン数の変化に現れた。表8は、アジアからヨーロッパに向かう船舶のトン数を示したものである。一六〇一〜一〇年と一七八一〜九〇年を比較すると、トン数は八・六倍に増えている。ここからも、アジアからヨーロッパに輸出される茶の量が大きく増えていることが推察される。その茶の多くは、最終的にイギリ

| 年 | トン数 | 年 | トン数 |
|---|---|---|---|
| 1601-10 | 58,200 | 1701-10 | 150,168 |
| 1611-20 | 79,185 | 1711-20 | 198,677 |
| 1621-30 | 75,980 | 1721-30 | 348,024 |
| 1631-40 | 68,583 | 1731-40 | 367,367 |
| 1641-50 | 112,905 | 1741-50 | 340,012 |
| 1651-60 | 121,905 | 1751-60 | 417,359 |
| 1661-70 | 121,465 | 1761-70 | 433,827 |
| 1671-80 | 125,143 | 1771-80 | 461,719 |
| 1681-90 | 172,105 | 1781-90 | 501,300 |
| 1691-1700 | 171,540 | 1791-95 | 261,804 |

表8　アジアからヨーロッパに向かう船舶のトン数

出典：Jan de Vries, "Connecting Europe and Asia: A Quantitative Analysis of the Cape-route Trade, 1497-1795", in Dennis Owen Flynn, Arturo Giráldez and Richard von Glahn (eds.), *Global Connections and Monetary History, 1470-1800,* Aldershot, 2003, p. 61, table 2.4.

スで消費されたと考えられる。

コーヒーに関しては、イエメンからの輸出が多い。一七二〇年頃には、イギリス東インド会社が一二〇万キログラムの、オランダ東インド会社が八〇万キログラムのコーヒーを船舶で輸送した。オランダ東インド会社は、コーヒーの供給量を増加させるために、モカからジャワへとコーヒーの木を移植した。一七八〇年代には、ハイチからの砂糖の方がアジアの砂糖よりもはるかに安価になり、三〇〇〇万キログラムの砂糖をヨーロッパに輸出するようになった。

アジアから喜望峰経由でヨーロッパに送られた商品は、基本的に消費財であり、それが奢侈品から生活必需品へと変貌していった。砂糖については、新世界での奴隷による生産には勝てなかった。香辛料は、理由は不明であるが、一八世紀のヨーロッパでは需要がなくなっていった。コーヒーも砂糖も、新世界産のものに変わっていく。茶と綿だけが、アジアの産品として、新世界よりも多くヨーロッパに輸出されていたが、綿は、やがて大西洋貿易を拡大させたイギリス産業革命により、イギリスからアジアに輸出されることになる。この表は、ポルトガルからイギリスへという世界最大の海洋帝国の変遷を示すはずなのである。

## 商人の帝国ポルトガルとアジア

残念ながらド・フリースの分析からは、ポルトガルの重要性があまりわからない。ポルトガルは、一般に大航海時代が開始したときには大きく活躍したが、その後急速に影響力を低下させたというイメージがもたれている。しかし、三九頁の地図1に示されているように、ポルトガル植民地は広大なばかりか、その海上勢力がかなり強いこともわかる。また地図1から想像されることは、ポルトガル海洋帝国が非常に長いあいだ継続したということである。ポルトガルは、決して急に衰退したのではない。大航海時代の先駆けとなったが、その後オランダやイギリスの台頭で落ちぶれていったというイメージは、現実を反映したものではない。

次頁の地図9は、アジア海事史の大家スブラマニヤムが作成したもので、オランダとイギリスの勢力がまだアジアで強くなかった時代のイベリア半島の二国の海上ルートである。ここから、ポルトガルがいかに世界の多くの地域に船舶を送っていたのかが推測できる。このルートの多くは、のちの時代になっても、ポルトガル商人によって使われたものと思われる。

イタリアが担っていたアジアとの結節点という機能は、ポルトガルの台頭によって大きく揺らぐ。ポルトガルは東半球と西半球の海で貿易をするようになり、ここに当時世界最大の貿易国家が誕生した。

しかも、ポルトガル系のセファルディムは、大西洋貿易で活躍していた。大西洋貿易においては、各国の貿易をつなぐ重要な役割を果たしていた。おそらくポルトガル商人は、一六世紀から一七世紀における異文化間交易でもっとも重要な役割を果たした人びとであった。

ポルトガル海洋帝国については、従来、国家主導型の発展形態が強調されてきた。一四九八年のヴァスコ・ダ・ガマのカリカット到着を契機に、アルブケルケが一五一〇年にはインドのゴアを、一五一一年にはマラッカを占領した。一五一三年には広州に来航した。さらに一五二六年にはカリカットを占領、一五三七年にディーウを獲得、一五四三年には種子島に来航、一五七一年には長崎に商館を

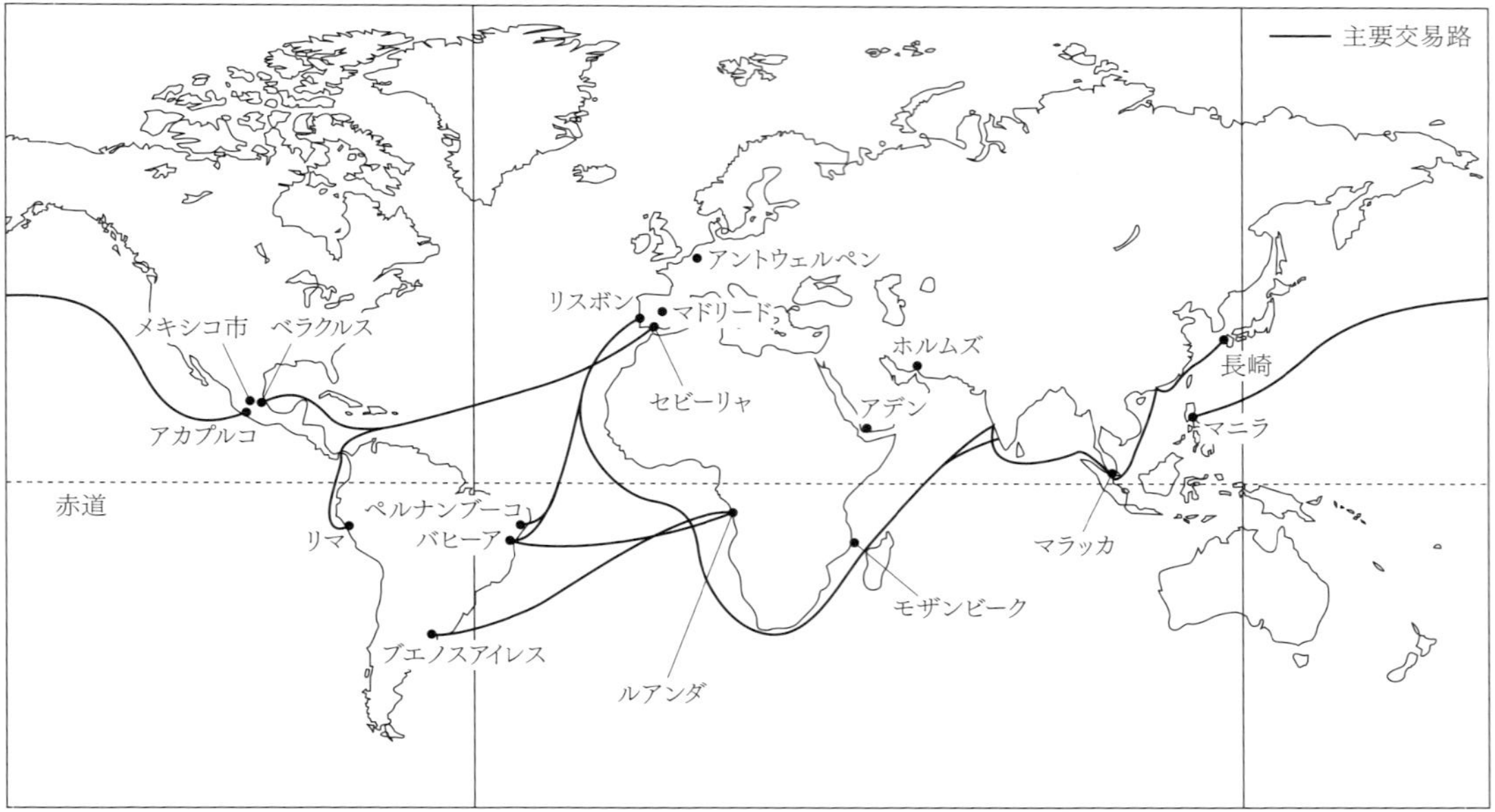


地図9　1600年におけるイベリア世界の貿易ルート

出典：S. Subrahmanyam, *The Portuguese Empire in Asia, 1500 - 1700*, second edition, Singapore, 2012, p. 327.

設立した。ポルトガルによるインドのアジア支配の中心は、ゴアであった。

しかし現在では、ポルトガル商人は、自分で組織をつくり、商業圏を拡大していったという考え方がむしろ主流である。そのような研究の先頭に立つのがポルト大学のアメリア・ポローニアであり、ここでは、彼女の説にもとづきながら議論を展開する。

たしかに、ポルトガルがアジアで占領した地域のいくつもが、やがてオランダの支配下に入った。そのため、ポルトガル海洋帝国は衰退したと考えられてきた。しかし、そもそもポルトガル海洋帝国が「商人の帝国」であるなら、たとえ領土がとられたとしても、ポルトガル人は商業活動をつづけることができたはずである。ポルトガル人の商業活動が海洋帝国の衰退後もつづいたのは、そのためであろう。インド洋では、アラブ商人、グジャラート商人らが活躍していた。そのような異文化間交易の繁栄は、東南アジアにもあてはまった。したがって、ポルトガル商人は、このような多様な商人の一部を形成したにすぎない。だが、逆にいうと、ヨーロッパのアジアへの進出は非常に重要なものであり、しかもヨーロッパの勢力は、だんだんと大きくなっていったのである。

ポローニアの考えによれば、一般に帝国主義時代の幕開けとされる一四一五年のアフリカ北西端のセウタの征服でさえ、レコンキスタの最後のエピソードだとされる。すなわち、イスラーム勢力のヨーロッパ世界からの一掃という時代の最終段階であり、大航海時代という新しい時代の幕開けではないというのだ。

むろん、公的なネットワークを軽んじてはいけないが、非公式のネットワークが、きわめて大きな役割を果たしたのである。イエズス会に代表される布教活動にも、非公式のネットワークが密接に関係していた。

ポルトガルが、西欧列強との競争に敗れて衰退したことはたしかであるが、それが決定的なダメージを与えたわけではない。ポルトガルは、オランダと香料諸島のめぐる争いで敗北したけれども、ポルトガル人はアジア人のネットワークのなかに深く入り込んでいくことができた。オランダ東インド会社の根拠地があったバタヴィアでさえ、ヨーロッパの言語のなかでもっとも頻繁に話されていたのはポルトガル語であった。おそらく、英蘭によるアジアでの貿易が増えていくほどには、ポルトガルの貿易は減らなかったというのが実情ではないだろうか。

インドネシアのチモール島においてさえ、ポルトガル人の代理人が活躍していた。彼らは一人一人が独立して働き、貿易ネットワークを維持したのである。さらに、数は不明であるが、マカオからスペインのカディスまで行き、そこで住みついた中国人もいた。

国王が貿易を独占していた商品は、香辛料、金と銀であった。しかし、香辛料の貿易にも私的な商人が加わっていた。香辛料においてさえ、王室が扱うのは全体の六〇パーセントにすぎず、残りの四〇パーセントは商人が扱っていた。

南シナ海で活動していた中国人と日本人の倭寇の媒介として働いたのも、ポルトガル人であった。

さらに、一五八〇年から一六四〇年にかけ、ポルトガルはスペインに併合された。そのためこの間に、アジアにおけるイベリア半島の勢力は大いに拡大した。イエズス会の活動はいうまでもなく、さまざまな商業活動においても、二国の協力が進んだのである。

ポルトガルの対外的進出を支えた人びとは、ニュークリスチャンであった。しかし実際には、彼らの多くは、以前からの宗教を信じていた。ニュークリスチャンは、アジアにおける活動を急速に増大させていった。ポルトガル国王はゴアで異端審問をおこなったが、アジアのみならず他のポルトガル領においても、ニュークリスチャンは増えていった。ポルトガル王室の権力とは関係なく、自発的なネットワークを利用して移住した人が多かったためである。インドに行けば本国にいるよりも金持ちになれると信じて、海を渡る人びとは多く、そのなかには多数のニュークリスチャンが含まれていた。彼らは、私貿易商人として活躍したのである。

## ブラジルとアジアをつなぐ太平洋ルート

一七世紀中葉になると、ポルトガル王室はアジアではなく、ブラジルを重視するようになったといわれてきた。しかし現実には、この二地域の紐帯はむしろ強化されるようになる。アジアの産品（とりわけ繊維品・絹・陶磁器）の市場が一六世紀後半に成長しはじめると、それは太平洋横断ルートで輸送された。それには、多数のニュークリスチャンが関与し、財産を築いた。

一六六一年にポルトガルとオランダ間のハーグ講和条約が結ばれると、ポルトガルの船舶がインドのゴアからブラジルのバヒーアまで安全に航行することができるようになった。一六九〇年代にブラジルで金山が発見されると、リスボンの貿易が発展した。ポルトガルのイギリスとの貿易赤字は、ブラジルから輸入される金によって補塡《ほてん》されるようになった。この金は、イギリスの金本位制成立に大きく役立つことになる。

一六九二年に出された指令により、ポルトガル船がインドからバヒーアに立ち寄り、そしてブラジルからリスボンに帰国するようになった。一六三九年から一七一二年のあいだにリスボンからアジアに向かった三九隻の船のうち二二隻が、バヒーアに停泊してからリスボンに帰港した。ブラジルの金と交換するために、アジアでインド綿、中国製の陶磁器と絹が購入された。

非常に重要なのは、一七世紀後半から一八世紀にかけ、アジア―ブラジル―アジアという直接交易が、国王の許可によりおこなわれるようになったことである。ブラジルには、金以外にもアジアで購入される商品を輸出していた。すなわち、粉タバコと砂糖が、ゴアとマカオで売られたのである。これらは、一八世紀になっても、なおポルトガル商人がアジアばかりか大西洋での貿易で活躍し、この二地域の海を結びつけていたことの証拠ともなる。

## イエズス会の役割

ポルトガルの世界進出において、イエズス会が果たした役割は大きかった。イエズス会の活動は、単に布教活動だけではなく、商業上の利益も追求していた。日本では、戦国時代に武器を供給する――重要な商業活動――ことで日本の統一に寄与した。マラッカと中国、日本を結ぶ貿易ルートは、ポルトガル商人にとってもっとも利益の出るルートであり、当初は密輸であった。また、このルートは、ポルトガル商人が、一世紀にわたって独占することになった。さらに、マカオ―日本間のルートでも、ポルトガル商人が活躍した。アジアでの貿易は密貿易が多かったが、イエズス会はそれに従事して利益をえたのである。

イエズス会がどのような戦略をもって世界的活動をしていたのかということに対して、明確な答えを出すことは不可能である。ただ最近は、イエズス会にとって布教だけではなく、経済的に利益をあげることが重要だったということが主張されるようになっている。アジア、とくに日本の軍事革命でもっとも巨額の利益をあげたのは、イエズス会だったかもしれないのだ。安野眞幸によれば、ゴア↓マラッカ↓マカオ↓長崎がイエズス会の日本布教を支える経済的な補給路、兵站《へいたん》線となった。さらにイエズス会はこのルートを使って、生糸を日本に輸入した。

イエズス会が、世界制覇をたくらんでいたのかどうか、さらにたくらんでいたとしたら、その規模はどの程度のものだったのか、正確なことは誰にもわかるまい。しかし世界中に布教するという行為自体が、世界制覇の企てと同一視されたとしても仕方あるまい。イエズス会の活動には、多額の経費が必要とされていたのである。イエズス会の活動と、ポルトガル海洋帝国の商業活動とは、不即不離の関係にあった。

高橋裕史によれば、イエズス会は、ナウ船（コロンブスが新世界に到達したときのタイプの船であり、ヨーロッパではカラック船と呼ばれた）を使い、武器をおそらくマカオから日本に輸出し、キリシタン大名に提供した。戦争のための費用は、ときにはイエズス会の財政を大きく圧迫した。

イエズス会は、日本に対して、ヨーロッパ製の武器を調達する「死の商人」として活躍した。さらには武器貿易にとどまらず、一五八〇年代後半には、日本準管区長であったガスパル・コエリョが、有馬《ありま》晴信《はるのぶ》の領土にある城砦に大砲を配備するようになった。さらに、長崎を軍事要塞化して、長崎を中心としたキリスト教世界の平和を、軍事力によって維持しようとした。日本の為政者が、イエズス会が日本を征服しようとしていると考えたとして、不思議ではなかったのである。

## スペイン銀とマニラ——アカプルコ貿易

銀流通の歴史に関する世界的権威のウィリアム・アトウェルによれば、ボリビアのポトシ銀山の銀生産量は、年平均で、一五七一～七五年が四万一〇四八キログラムだったのが、一五九一～九五年には二一万八五〇六キログラムになった。それに対し、一六世紀後半から一七世紀前半にかけ、中国の鉱山が産出した銀の量は、アカプルコからマニラへと、たった一隻のガレオン船の貿易で運ばれた銀の量と同程度しかなかったのである。さらに、一七世紀初頭の多いときには、マニラから中国に年間で五万七五〇〇～八万六二五〇キログラム流入した。

新世界から東アジアに銀が送られるもっとも重要なルートは、メキシコ西岸のアカプルコから太平洋を横断し、直接フィリピン諸島に送られたものであった。一六世紀終わり頃から一七世紀前半まで、アカプルコからマニラへの輸出の多くは非合法だったので、輸送量を推計することはかなり難しい。だが、一六〇二年のメキシコ当局によれば、毎年の銀輸送量は、通常一四万三七五〇キログラムであり、一五九七年の総計は、三四万五〇〇〇キログラムであった。この銀が、中国の絹や陶磁器、リネンなどと交換されたのである。

このルートに加えて、かなりの量が、メキシコからパナマ地峡をへて、セビーリャに送られ、非合法的にポルトガルに輸出された。その銀とともに、ブエノスアイレス経由で、地金がペルーからリスボンへと密輸された。銀は、喜望峰を通り、ゴアまで送られた。ポルトガル人は、ゴアからマカオに、一六世紀後半から一七世紀初頭にかけ、毎年六〇〇〇～三万キログラムの銀を運んだ。

第三のルートでは、新世界からセビーリャに合法的ないし非合法的に運ばれた銀が、ロンドンやアムステルダムに送られた。さらにそれを英蘭の東インド会社が東南アジアに輸送し、中国産の絹、陶磁器と交換したのである。

世界的な銀流通の研究で名高いフリンとヒラルデスによれば、一五七一年にマニラが建設されたことは、世界史上大きな意味をもった。アカプルコからマニラまで、スペインの銀を運ぶようになったからである。その銀は、さまざまなルートをへて、最終的には中国へと運ばれた。ガレオン船は四〜五本の帆柱をもち、喫水が浅く、スピードが出る船であった。そして、砲撃戦にも適していた。そのためカラック船やカラベル船に取って代わり、広く使われるようになった。

マニラは、瞬く間に活発で非常に利益があがる新世界と中国のあいだの貿易の焦点となった。「マニラは、明らかに、いつか太平洋・インド洋商業の商業拠点になる運命にある」といわれていた。

スペインから喜望峰をへて銀が輸出されるルートがあったが、それに加えて、アカプルコから太平洋を渡りマニラを通じて、銀はやがて中国に送られるようになった。

新世界の銀に加えて、日本の銀も大量に中国に輸出されていた。日本は中国から綿、絹、生糸、茶などを輸入しており、その代価として銀を輸出していたといわれる。日本の銀生産高は、世界の三分の一を占めたとさえいわれる。もっとも重要な日本の銀山は、石見銀山であった。日本銀の輸送では、ポルトガル人やオランダ人、中国人も活躍し、日本の商人が活躍していたわけではない。日本が外国と正規の貿易をしていた長崎からの輸出には、ポルトガル人の力が必要であった。

マニラでは、絹と銀が交換された。一六五〇年のマニラには、約一万五〇〇〇人の中国人、七三五

ガレオン船

〇人のスペイン人、二万一二四人のフィリピン人がいた。さらに、おそらくは鎖国で帰国できなかった日本人もいたはずである。また、一八世紀にはアルメニア人がいたことも確認されている。マニラは、まさに異文化間交易の拠点となった。

スペインにとって、マニラを通じてアジアの市場に参入することが、利益があがるアジアの市場に参入する唯一の方法であった。ヨーロッパ外世界の貿易は、まずポルトガル人によって、ついでオランダ人によって支配されていたからである。ガレオン船の活躍は、太平洋沿岸貿易の誕生を意味した。一八世紀末には、マニラ産の多数の葉巻が、アカプルコ経由でスペイン領アメリカに輸送された。

通常、スペイン国王が費用を負担して毎年一回、アカプルコ―マニラ間を、ガレオン船が往復した。その航海には、長い時間がかかった。一七二二年には、六月三〇日にマニラを出港した船が、最終的に一二月二五日にアカプルコに到着した。一七二七年には、七月七日にマニラを出港し、一二月二四日に到着した。六ヵ月近い航海であった。ガレオン船は法的には三〇〇トンまでと定められていたが、実際には一〇〇〇トンに達することもあった。

ガレオン船の製造コストはきわめて大きかった。一五八七年の時点で、五〇〇トンのガレオン船を建造するのに、八〇〇〇ペソかかった。

次頁の地図10は、マニラのガレオン船の航行ルートと、マニラと中国を結ぶルートを示している。このように、太平洋と中国はつながっていたのである。奇妙なことにポルトガルは、スペインがフィリピン諸島で独占的な活動をしていたことに反感をもっていたにもかかわらず、太平洋に乗り出そうとはしなかった。ポルトガルは、ブラジルから、マカオ―マラッカ―モルッカ諸島までを帝国の範囲とするにとどまった。

## 中国への銀流入の理由

中国に大量に銀が流入した理由として、一般には、中国側が貿易黒字であり、それを補塡するためにヨーロッパから銀を輸出する必要があったといわれる。

しかしフリンとヒラルデスは、赤字補塡のためにヨーロッパ人が新世界の銀を中国まで輸送したという見方を批判する。その証拠に、金は中国からヨーロッパへと輸出されていたというのだ。彼らによれば、中国への銀流入には、主として二つの理由が考えられる。

一つは、中国が世界最大の経済大国だったからである。彼らによれば、この時代最大の経済大国は中国であった。その中国の税制が一条鞭法という銀による納税システムをとっていたため、中国へと世界中の銀が流入したのである。

もう一つは、中国とスペインの金銀比価の相違がある。一五九二年から一七世紀初頭にかけ、広東

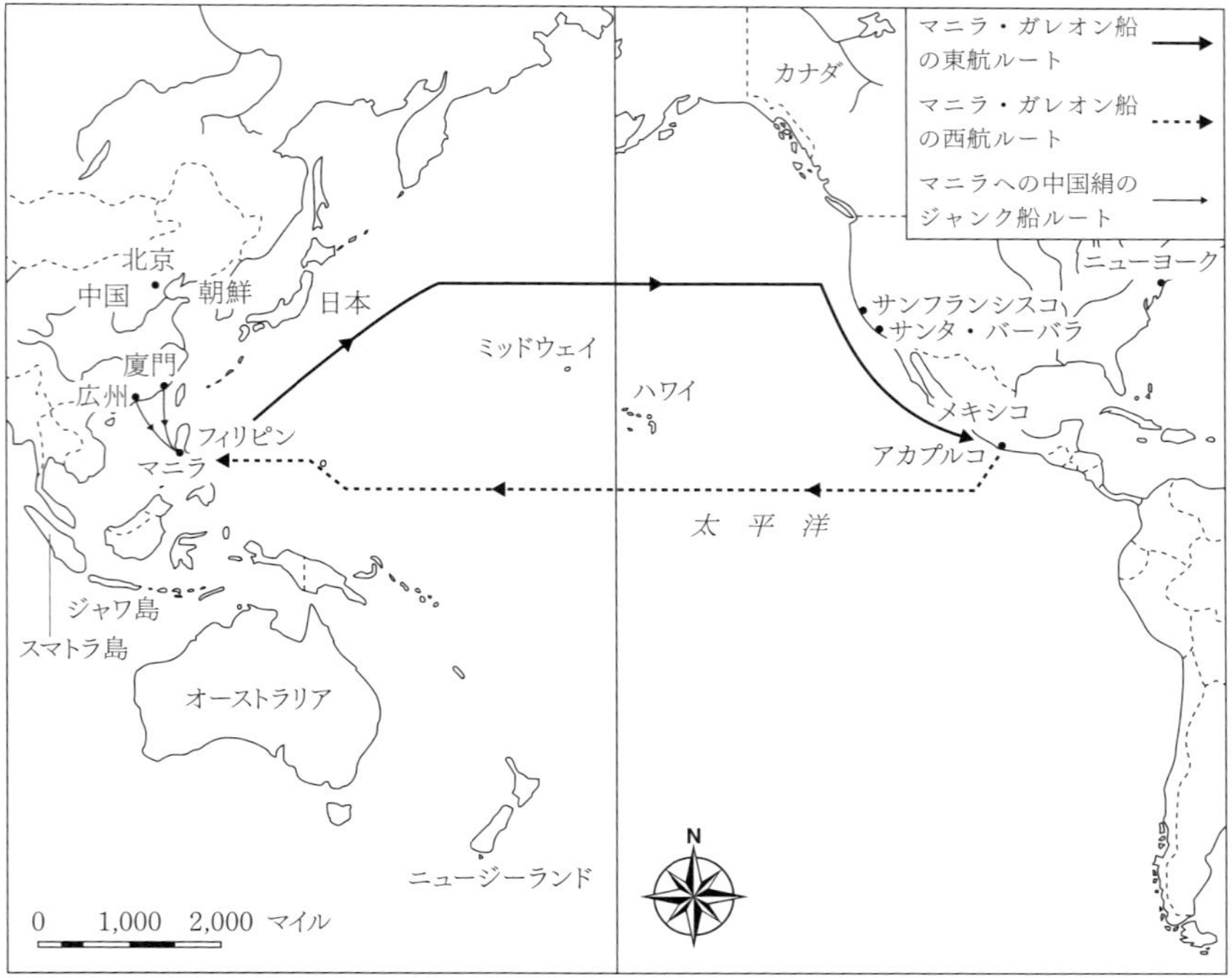


地図10　ガレオン船のルート　出典：William Lytle Schurz, *The Manila Galleon*, New York, 1959, pp.12-13.

での金銀比価は、一対五・五から一対七であったのに対し、スペインでのそれは一対一二から一対一四であった。中国では銀が高く評価されており、そのため、銀が新世界やヨーロッパから喜望峰ルートで、さらに太平洋ルートでマニラをへて中国へと流入したのである。

フリンとヒラルデスは、ヨーロッパ人は、膨大な銀貿易の中間商人(middleman)にすぎなかったという。言い換えるなら、ヨーロッパ人は、新世界とアジアを結ぶ媒介でしかなかった。主役はあくまでアジアだったというのだ。

しかし、輸送を重視する立場からは、中間商人に「すぎない」という表現は、ヨーロッパ人の役割を軽視したものにほかならない。あるいは、流通を担う商人の役割を軽視している。中国人ではなく、スペイン人が運んでいたという事実が重要なのである。

もし、中国が地中海にまで進出し、香辛料の輸送を担っていたとした場合、中国人が中間商人に「すぎなかった」とは、奇妙な表現となろう。見方を変えれば、明は、アカプルコからマニラを経由したスペイン人の船がなければ、経済を維持することができなかったかもしれないのだ。

近世においては、正確な計算はできないとはいえ、輸送コストがきわめて高く、すべてのコストのなかで輸送コストが占める割合は、こんにちのそれとは比較できないほど高かったはずである。もし中国船で輸送していたとすれば、中国が獲得する利益は莫大なものになり、スペインの収入はかなり落ち込んだはずである。

スペイン領アメリカでは一六世紀後半のうちに絹を生産するようになったものの、その価格は中国産のものに比較してかなり高く、国際市場で太刀打ちできないばかりか、スペイン領アメリカの人びとが着る服でさえ、中国産のものになった。とはいえ忘れてはならないのは、それを運んだのはガレオン船であり、そのためスペインの損失額は、あまり大きくなかったと推測されるのである。たとえヨーロッパやスペイン領アメリカの製品を中国に販売できなかったとしても、ガレオン船ではなく中国船で運ばなければならなかったときと比較すれば、スペインの損害はずっと少なくてすんだ。

## 世界の一体化と銀

すでに一六世紀のあいだからスペイン人による太平洋航海は多数あった。なかでも、アメリカ西海岸からの航海が増えていた。イギリス人ジェームズ・クックが南太平洋への航海を開始した一七六八年以前から、スペイン人による太平洋の航海数が増大していった。

このようにして、太平洋と新世界はつながった。この海を通じて中国に大量の銀が流入したことは──残念ながらその量を確定することはできないが──、まちがいない。新世界の銀は、むろん、ヨーロッパにも流入していた。そして、それらの銀を運んだのは、おおむねヨーロッパ人であった。たしかに、一七世紀初頭には、中国と比較するなら、ヨーロッパはまだ貧しかったであろう。しかしヨーロッパ人は、ヨーロッパの船で徐々に世界を一つにしていったことも事実なのである。

ただし、一八世紀後半の時点でさえ、中国がヨーロッパ世界経済に組み込まれていたとはいえまい。ウォーラーステインがいうような国際分業体制が成立していないだけではなく、ヨーロッパがアジアの流通を担うというかたちでの、支配＝従属関係が成立するほどの貿易量もなかったからである。

### 英蘭の東インド会社

では、ポルトガル海洋帝国と英蘭のアジア進出とは、どのような違いがあったのか。

イギリスの東インド会社は一六〇〇年に、オランダの東インド会社は一六〇二年に創設された。オランダにはそれ以前から東インドと貿易をおこなう会社はいくつもあったが、イギリスに対抗するため、それらを統合し、正式には連合東インド会社をつくった。

どちらの会社も軍隊をもち、本国からの指令を受けたものの、本国の本部に相談せず、独自の行動を取ることもできた。そもそも東インドはヨーロッパから遠すぎて、何か問題が生じたときにいちいち本国に問い合わせていては間に合わない。そのため、一種の国家のようなものとして両国の東インド会社ができあがったのである。

一六二三年、オランダ人がイギリス商館員を殺害するというアンボン（アンボイナ）事件が起こった。これ以降、イギリスは東南アジアから撤退し、インドをアジアの貿易の根拠地とするようになる。

両国の東インド会社の特徴を理解しやすくするために、ここで、デンマーク人ニールス・ステーンスゴーア（一九三二〜二〇一三）の議論を紹介してみよう。ただし彼の論そのものもわかりやすいものではなく、また研究動向を誤解している点もあるので、それを正確に述べることは難しい。

ステーンスゴーアは、「市場の透明性」という概念を用いる。ラクダのキャラバン隊が自由に取引していた現在の中東にあたる地域では、商品価格は簡単に変化した。価格を決定できるような機関が存在しない。それに対し英蘭の東インド会社のような独占企業があれば、取引が確実に遂行されるようになり、価格変動が少なくなり、価格がスムーズに決定される。ステーンスゴーアは、それを「市場の透明性」と名づけたのだ。そして、経済人類学者カール・ポランニーに依拠しながら、両東インド会社は再分配のための機関だと主張した。

ステーンスゴーアのこの議論は、フレデリク・レインの理論も援用している。というより、レインの説を利用した方が、ステーンスゴーアの主張は理解しやすい。

一般に知られている経済学では、完全競争市場が前提とされており、市場メカニズムを乱すような外界からの妨害は存在しない。しかし、現実の世界は、さまざまなものが市場の健全な働きを抑制する。レインによれば、中世のヨーロッパでは、商人は取引のために移動する際、海賊による略奪から自分たちで身を守るか、誰かに保護してもらうための費用（保護費用）の出費を余儀なくされた。これをレインは、「保護レント（protection rent）」と呼ぶ。イギリスにせよオランダにせよ、東インド会社が保護費用を負担し、商人＝企業家は保護レントの支払いを、かなりの程度免れたのである。そのため、商人が安心して取引できたと考えられる。これが、独占によるメリットである。

ポルトガル人は、技術革新、すなわち海のルートを利用することで利益を獲得しようとしたのではなく、それ以外のルートを封鎖し、軍事力を用いて独占することでえられる貢ぎ物を入手することで利益をえようとした。この政策は、短期的には成功した。だが、紅海とペルシア湾への入り口をパトロールするコストは非常に高く、一五六〇年には、レヴァント市場に自由に胡椒が送られ、そこから西欧への市場を見出したのである。ポルトガルは、本来なら利用できたはずのマンパワー、経営能力を、暴力手段の実行のために使ったのである。

ステーンスゴーアによれば、一六二〇年頃に、アジアで「輸送革命」と名づけてよいほどの輸送システムの転換があった。アジアの物産を運ぶのに、キャラバン隊ではなく、英蘭の東インド会社の船舶が使用されるようになったというのだ。これは、巨大な「会社」により効率的な海上輸送システムができたからである。

しかしそれは、英蘭の東インド会社の支配力を過大視したものだと結論づけられよう。どちらの会社も、完全に従業員を管理できたわけではない。彼らの活動を完全に保護できるほど、強い管理能力をもっていたとは考えられない。ここに、近世の支配能力の限界があった。

## オランダ東インド会社の四つのハブ

オランダ史家のマーヨレイン・タールトによれば、オランダ東インド会社には、アジアで四つのハブがあった。第一のハブは、インドネシアのバタヴィアである。第二のハブは、インド東岸のプリカットであった。この都市を一六一二年に征服したため、アジア全土で需要があったインド綿がつねに流通するようになった。第三のハブは、インド西岸のスラトであり、一六一六年にこの都市を手に入れたため、オランダはインドのマラバル海岸、ペルシア、アラビアの市場に接近することができた。そのためオランダは、西インドで巨大なレヴァレッジ効果を生み出すことになった。ヨーロッパへのインディゴ輸出をほぼ独占するようになった。第四のハブは台湾であった。一六二二年に台湾を占領したため、オランダ人は中国と日本の貿易を結びつけ、日本銀の輸送をおこなうようになった。

オランダ東インド会社は、一六三九年にセイロン（スリランカ）からポルトガル人を追放することに成功し、シナモンの独占権を手中にした。一六六〇年代になると、オランダ東インド会社は、インド東南部の海上貿易をほぼ独占することになった。オランダ人のネットワークは、紅海から日本にまでつながった。オランダ東インド会社は、一六六〇年代には、アジアにおける資本ストックが、二〇〇〇万ギルダーを超えた。さらにオランダ東インド会社は軍事力を用いて、ポルトガル人やスペイン人をアジアの都市から追放していった。

このようにタールトは、アジアにおけるオランダ東インド会社のプレゼンスを重視する。

## 私貿易商人のネットワーク

英蘭のどちらの東インド会社も、従業員は、会社での貿易のほかに、アジアで私的におこなう貿易、すなわち私貿易（private trade）に従事することができた。それは通常、会社での事業よりも儲かり、この私貿易での利益を求めて、イギリスやオランダの東インド会社で働いた人間も珍しくはなかった。

両東インド会社は、一六二〇〜三〇年代に、インド洋から内陸でキャラバンに乗って地中海に達する貿易路を打破することに成功する。それは、結局ポルトガルにはできなかったことである。ただし、このような考え方は、会社を中心にとらえた見方であり、現実の商業活動の次元になると、ポローニアが論じたように、ポルトガル商人はかなり活躍していた。

オランダ東インド会社の従業員として、オランダ人ではなく、ドイツ人の比率が増えていった。ドイツ人は、かなり劣悪な状況での労働を余儀なくされており、この会社は、いわばドイツ貧困層の救済機関となった。彼らがインドネシアに向かい、そこで働き、この地で死ぬことも珍しくはなかった。一見、イチかバチかの賭けに出たように思われるかもしれないが、ヨーロッパにいても将来は不安定であり、死亡率は高かったのだから、彼らの行動は決して非合理的ではない。

英蘭どちらの東インド会社も、アジアとの貿易を独占するばかりか、領土経営に従事していた。イギリス東インド会社の方が長続きしたが、一八五八年になると、インドは本国政府が直接統治するようになった。東インド会社がなくても、イギリス本国がアジアを直接統治できるようになったことの現れである。

ステーンスゴーアによれば、英蘭の東インド会社で注目すべきは、制度的革新であった。ポルトガルとは異なり、国家のつくった組織がアジアに進出し、恒常的な貿易関係を築いたからである。そのため商人は、それ以前よりはるかに効率的に商業に従事することができた。

たしかに、ポルトガルには、イエズス会という組織があったが、武力によって相手を征服できるほどの力は持ち合わせていなかった。しかしまたその一方で、ポルトガル商人は、東インド会社のような組織とは異なる、商人独自のネットワークにより商業活動をおこなうことができた。ポルトガル商人は、アジアにおける異文化間交易の中心的役割を果たしていた。この点を、ステーンスゴーアは見落としているように思われる。ステーンスゴーアが制度的革新という概念を出した一九七〇年代には、異文化間交易という言葉が発明されていなかったことも、その一因であろう。

イギリスとオランダの東インド会社の組織は現在の目からみると穴だらけであり、いたるところに綻《ほころ》びがみられた。その意図がすべての従業員に浸透できるほどの能力は、決してなかった。従業員と現地人が協力して商売したことが、東インド会社の利益に反することもあったろう。本国からの命令に背くことも簡単であった。会社の命令を従業員が遵守するかどうかは、彼らの自主性にまかされる部分が多かった。そのために、私貿易が許されたのである。国家の力は、まだまだ弱かったのである。だからこそ、ミクロな次元でみるなら、ポルトガル商人が活躍できたのである。たとえばインドネシアのバタヴィアにおいて、一八世紀第二四半期になってもなお、ポルトガル商人は香辛料を購入していた。

さらに、マカオのポルトガル人は、インド市場において、イギリス東インド会社とイギリス人のカントリー・トレーダーと密接な関係があった。一六八〇年代後半から一七五〇年にかけて、ポルトガル人のカントリー・トレーダーが、マカオからマドラスまでしばしば貿易のために航海していた。このように国家という枠組みを外したならば、アジアにおけるポルトガル商人の勢力が、一八世紀になってもなお強かったことに気づかざるをえない。したがって先述のタールトの主張は、よりミクロな観点からみれば、そのままでは受け入れられない議論だと思われる。

## ポルトガル商人の生き延びた道

中国と東南アジアにおけるポルトガル人の社会は、ポルトガル本国の制度をそのまま引き継いだ。すなわちそこには、国王の利害と、ローマ教会の利害があったというのが、ジョージ・ブライアン・スーザの見解である。だが、彼は、ポルトガル海洋帝国が、商人の帝国であったという事実にあまり注目していない。一八世紀になると、イギリス東インド会社が徐々にオランダ東インド会社に取って代わるようになった。そのなかでポルトガル商人は、私貿易商人として生き延びるようになった。

ポルトガル人は、アジアの金貸しを利用して商売をした。ポルトガル人がアジアで商売をつづけていくのに彼らの資本が不可欠だったからである。日本での活動と矛盾するように思われるが、一七世紀から一八世紀前半のポルトガル商人は、宗教にあまりとらわれずに活動したのである。したがって、中国商人、他のヨーロッパ人、さらにはアルメニア人とも取引をした。

中国におけるポルトガル人の商業活動は、アジアの海上貿易で大きな貢献をした。中国から日本までの中間商人として活躍した。日本と新世界の銀が、マニラを経由し、中国に到達した。そのため明代後期の中国、とりわけ広州の貿易が大きく刺激された。ポルトガル領インドから来たマカオのカントリー・トレーダーは、マニラの市場とインドとを接合した。これは、アジアの貿易の新軸を意味した。

ポルトガルはこのように、アジアでの交易において、大きな影響力をもったのである。

ただし、おそらくは、長期的にはポルトガル商人の役割は徐々に縮小し、オランダ商人やイギリス商人の勢力が拡大していったであろう。それは、ヨーロッパにおける、国家の勢力の拡大と軌を一《いっ》にしていた。とはいえ、ポルトガルのような小国にとっては、アジアで自国商人が活躍するだけで、十分な市場がえられたのかもしれない。これは、小国ならではのニッチ市場といえた。一七世紀終わり頃に、ポルトガル商人は、英仏の東インド会社と共同して貿易をしていた。どちらの東インド会社も、商業的には、ポルトガルと敵対する必要はなかったからである。

ポルトガル人が、国家の意向とは関係なく、自分たちで組織をつくり、海外に乗り出していったことはすでに述べた。たしかにイエズス会のような公的な組織が、布教活動をしていたのは事実である。しかし、それと同時に、宗教にとらわれず、利潤の獲得を求めてアジアにまで赴いた商人もいた。後者が、アジアのすみずみに進出し、宗派の壁を超えた貿易活動を担ったと考えられよう。

## 小国の東インド会社――スウェーデンから輸出された茶

イギリスやオランダ以外にも、「東インド会社」という名称の会社はあった。それらは、英蘭の会社ほど強力な軍隊はもたなかった。スウェーデン東インド会社にいたっては、その規模は非常に小さかった。

スウェーデン東インド会社という名称は、本国のスウェーデンでさえあまり知られていない。ましてやこの会社の役割は、さらに知られてはいない。しかし、同社は、じつはイギリスにとって重要な役割を果たした。

近年のヨーロッパ商業史では、小国が果たした役割が大きくクローズアップされるようになっている。大国ならたいした利益が出ない貿易であっても、小国にとっては大きな利益となりえた。ときには中立政策により、海運業を大きく発展させた。スウェーデンは、そのような国の代表であった。

ここでは、スウェーデンの代表的な海事史家であるレオス・ミュラーの研究に依拠しながら、論を展開したい。

スウェーデン東インド会社は、一七三一年に特許状を与えられて創設され、一八一三年に解散した会社である。根拠地は、スウェーデン西岸のイェーテボリにあった。この会社が活動した八〇年余りのあいだに、一三二回のアジアへの航海をした。広州へ一二四回、五回が広州とインドへ、そして三回がインドだけに向かった。特許状ではスウェーデンの喜望峰以東のすべての地域との独占権が付与されていたが、現実にはスウェーデン東インド会社の貿易とは、広州との貿易を意味した。

しかも、スウェーデンから輸出するものはほとんどなく、ほとんどが中国からの輸入貿易に専心していた。その多くは茶であった。スウェーデン東インド会社の輸入額に占める茶の比率は、一七七〇年には六九パーセント、一七八〇年には八〇パーセントに上昇した。

同社は、広州に在外商館があったものの、海外領土も植民地もなく、従業員数は二五〇〜三〇〇人程度であった。広州からの輸入品の多くは茶であり、それはイェーテボリで競売にかけられた。したがって、スウェーデン東インド会社は、決して特権的な商事会社とみなすことはできない。

この会社は、一七二二〜二七年という短い期間しか活動しなかった、オーステンデ会社と強いコネクションがあった。オーステンデ会社は、その名の通りオーステンデを根拠地とするオーストリア領ネーデルラントの貿易会社であった。スウェーデン東インド会社に参加した人びとには、同社で貿易活動を営んでいた人が多かった。

スウェーデン人は、茶ではなくコーヒーを飲む人びとである。そのため、茶の多くは再輸出された。通常、スウェーデン東インド会社の再輸出額は、総輸出額の二〇〜三〇パーセントを占めた。これらの茶は、まず、オランダとオーストリア領ネーデルラントに向かった。旧オーステンデ会社との関係からである。そこからさらに、ドイツの後背地、フランス、スペイン、ポルトガル、地中海、さらにイギリスに輸送された。

しかも、イギリスへの茶は密輸であった可能性が高い。そもそもイギリスはヨーロッパ最大の茶の消費国であった。イギリスへの茶は、イェーテボリから直接イギリスに輸出されるのではなく、オランダとオーストリア領ネーデルラントに送られ、そこから再輸出された可能性がはるかに高い。スウェーデン茶は低級品であり、低所得者層も入手することができたと考えられる。

一七四五〜四六年に関する推計によれば、イギリス人が茶の密輸のために支払った金額は年間およそ八〇〇万ポンドであった。それは、約一五〇〇トンの茶を購入するのにじゅうぶんな額であり、スカンディナヴィアの茶の輸入量と同じであった。

イギリスの茶市場は、イギリス東インド会社が独占しており、関税が高かったので、茶はきわめて高価な商品になった。しかし一七八四年にはピットの減税法(Commutation Act)で、茶への税率が一一〇パーセントから一二・五パーセントへと削減された。それゆえ、茶の価格は低下した。しかし、それまでは、スウェーデン東インド会社が主としてオランダとオーストリア領ネーデルラントに輸出した茶が、おそらくイギリスに持ち込まれ、低所得者層が飲むものとなっていたのである。

## ブルターニュに持ち込まれた茶

一八世紀のフランスは、大西洋貿易ではイギリスと争うほどに貿易量を拡大した。しかしアジアでは、そこまで大きな活動はできなかった。だが、フランスも英蘭と同様、一六〇四年に東インド会社を創設し、一六六四年に、それは国営会社となった。一七一九年には、インド会社となり、東西インドとアフリカの貿易をおこなったが、一七三〇年にはアフリカとルイジアナが切り離され、ふたたび東インド貿易に専念することになる。同社は、一七九四年に清算された。フランスにおける根拠地は、ブルターニュ地方のロリアンにあった。東アジアの拠点としてインド東南部のポンディシェリや東北部のシャンデルナゴルがあった。この会社は、茶の輸入で大きな役割を果たした。しかも、イギリスにその茶を密輸していたのである。

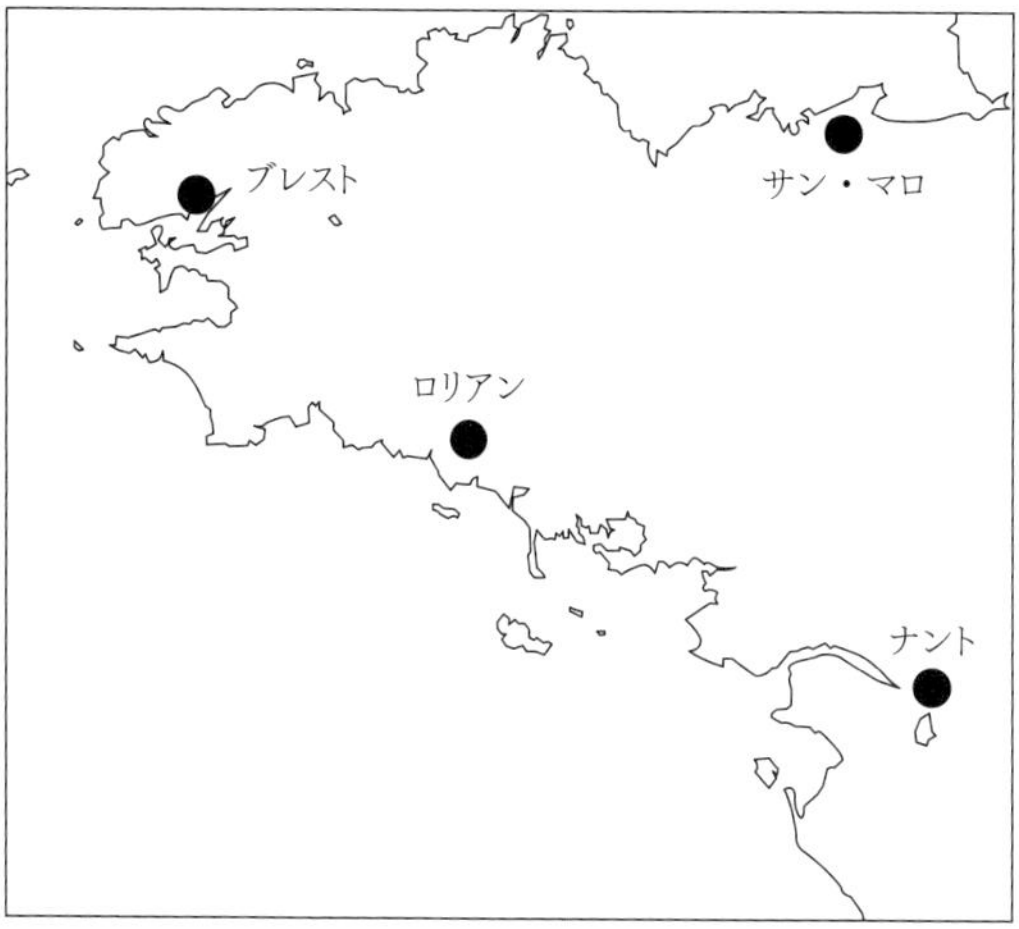


地図11 ブルターニュの主要な港
出典：Pierrick Pourchasse,“Breton Linen, Indian Textiles, American Sugar: Brittany and the Globalization of Trade in the 18th Century”,『京都産業大学世界問題研究所紀要』第28巻、2013年、159頁。

一七世紀終わり頃のブルターニュの人口は約二〇〇万人であり、フランスの総人口の一〇パーセントを占めた。地図11に挙げた港湾都市のうちサン・マロはスペインに繊維品を供給し、フランスじゅうの製造品をスペインに送った。サン・マロは、世界中と結びついた都市であり、一七一三年にこの都市を出港したグラン・ドーファン号が、南米大陸最南端のホーン岬をへて、繊維品（リネン）をペルーに輸送したのち、アメリカ銀で中国商品を購入し、フランスに戻った。

もともと、アメリカ産の銀は、アジア市場で製品を買いつけるための代価であったが、一八世紀のうちにその比率は下がり、代わって繊維品、貴金属、奢侈品に使われるようになった。フランスのおもだった商品は、コーヒーと茶であり、茶の輸入量は、一七世紀終わり頃の一〇万（重量）ポンドから、一八世紀後半の二〇〇万ポンド弱へと急増した。さらに香辛料と胡椒、そして綿が重要な商品であった。

ここで注目すべきは、茶の輸入である。いうまでもなくフランスは茶ではなくコーヒーの消費国である。したがってこの茶は、ヨーロッパ最大の茶の消費国イギリスに密輸された可能性が高い。フランスの茶の輸入については、広州とフランスの貿易を扱った博士論文を著したデルミニーの研究をみてみよう。

一七四九〜六四年にかけては、広州からフランスが輸入した総額は、年平均で一一九二万五二八八リーヴル、一七六六〜七五年は一二二八万五七三九リーヴルであり、そのうちブルターニュが占める割合は、それぞれ四二・七一パーセント、五〇・一六パーセントであった。この時代を通じて、フランスの茶の輸入のうち、ブルターニュが占める比率は八二・四六パーセントであった。しかも、その多くはナントに輸出されていた。一般に、一八世紀のナントは奴隷貿易の都市として知られるが、広州からの茶の輸入も重要であった。さらにフランス東インド会社の輸入品として、茶は、コーヒーよりも多いことがあった。

ブルターニュに輸入された茶は、主としてイギリスとオランダに輸送された。イギリスへの輸出は、多くが密輸であったと考えられる。オランダからどこにいったかはむろん詳《つまび》らかではないが、イギリスに再輸出されるものもあったであろう。ブルターニュの茶は、イギリスの富裕層に飲まれたと推測されている。

**密輸品としての茶**

イギリスは、一人あたりに換算すると、一八世紀の世界有数の茶の消費国であった。しかし、その茶はイギリス東インド会社が輸入したものとはかぎらなかった。そもそも、イギリスやドーヴァー海峡、さらに北海に接する国々がおこなう中国との貿易は、イギリス人の多くが茶を飲むようになったことを基盤としていた。イギリスの茶の密輸入量は四〇〇万〜七五〇〇万ポンドだと見積もられているが、この数値は、合法的輸入量よりも大きいのである。

ヨーロッパ人にとって、茶は、重要な密輸品であった。たとえば、広州からハンブルクに茶が輸出されているが、この都市の後背地はエルベ川流域、さらにはバルト海地方であるので、そこに茶が輸出されたとは考えられない。ハンブルクは、「小ロンドン」と呼ばれた。それほどロンドンとは密接な関係にあったのだから、ハンブルクからロンドンに密輸されたと推測できる。

密輸を促したのは、イギリスの茶に対する関税の高さであった。一七八四年に減税法が導入されるまで、茶に対する税率は八〇パーセントを下回ることはほとんどなく、一〇〇パーセントを超えることも珍しくはなかった。茶はチャネル諸島、マン島を通って密輸された。どちらもイギリスの関税とは違うシステムのもとで運営されていたからである。そして、密輸茶はサセックス、ケント、サフォークに到着した。

七年戦争が終わると、合法・非合法の貿易の両方に、大きな変化が生じた。一七六三～六九年には、中国の茶輸出量がそれ以前の七年間と比較して七〇パーセント増加した。イギリスの茶市場が増大したことはいうまでもないが、イギリス東インド会社の輸入量は二三パーセントしか上昇していない。それに対して、ヨーロッパ大陸からの茶の輸入量は、五一パーセント伸びた。オーストリア継承戦争と七年戦争時には、イギリスに輸出するほどの茶が余っていたわけではないヨーロッパ大陸諸国であったが、平時には輸入量が急上昇する。一七六三～六九年の年平均輸入量は一〇三〇万ポンド、その後の一五年間は、それが一三四〇万ポンドに達した。一〇年もたたないうちに、中国とヨーロッパの貿易は、二倍近くに上昇した。これは、イギリスに密輸される茶が増加したことを意味するのであろう。

一七八四年の減税法により、密輸への誘惑は減った。一七八三／八四～九二／九三年には、広州からの茶の総輸出量は二億八五〇〇万ポンドであり、それ以前の一〇年間と比較すると、一億ポンド以上増えた。イギリス商人が輸送する比率は五八・三五パーセント、他国の商人のそれは四一・六五パーセントとなった。一七九〇～九九年には、イギリス商人の比率が七七パーセント、他国の商人の比率が二三パーセントとなる。広州からイギリスへと、密輸されることなく輸出される茶の量が増えたということであろう。

しかし、減税法以前には、おそらくイギリスへの最大の茶の密輸国は高級茶を密輸したフランス、ついで低級茶を扱ったスウェーデンであった。両国は、イギリスが世界最大の茶の消費国になることを助けたのである。

日本では、川北稔が、東インドの茶と西インドの砂糖が一つのティーカップに入れられることにより、世界は一つになったと表現した。それは同時に、イギリス帝国の拡大を物語る。しかし砂糖とは異なり、紅茶は、イギリスの船で輸入したものとはかぎらなかった。密輸された茶がなければ、イギリス人は、これほどまでに茶を飲む国民にはならなかったかもしれない。イギリス人のティーカップに入れられた茶の半分以上が、イギリス帝国外から密輸入されたものであった。それは、国境を越えて活動する商人のネットワークの巨大さの証拠でもある。

## 貿易収支の逆転――中国の入超へ

イギリスは中国から大量に茶を輸入し、その代価として銀を輸出していた。一八世紀末になると、インドでアヘンを製造させ、本国の綿製品をインドに輸出してアヘンを購入し、インド産アヘンを中国に輸出して茶の代価にあてるという三角貿易を開始した。一八三〇年代になると、貿易収支が逆転し、中国の入超になった。その代価として、茶だけではなく、銀が中国からイギリスに輸出されるようになった。

これが、アヘン戦争にいたる教科書的な説明である。

しかし、この議論には少し無理があろう。この理論は、双務（二ヵ国間の）貿易が前提となっている。けれども、貿易収支とは、二国間の関係だけで決まるものではない。イギリス以外の国が考慮に入れられていないのである。

ここで議論を簡単にするために、中国がイギリスとそれ以外のAという国としか貿易しておらず、決済には銀しか用いられていない場合を考えてみよう。そして、中国のイギリスに対する貿易赤字額と、A国との貿易黒字額が同額であると想定してみよう。この場合、A国から中国に輸出された銀が、そのままイギリスに流れることになり、中国としては何の問題もない。イギリスから中国へと銀が流出していたのに、それが逆転したという理論が根本的にまちがっているのは、貿易とは本来多角貿易であり、これほどの銀流出は中国が貿易するすべての国との貿易との関係でとらえなければならないのに、イギリスとの関係でしか論じていない点にある。

もう一つの問題点として、輸送コストが無視されていることが挙げられる。すなわち、輸送コストがゼロだという前提に立っている点にある。銀の輸送コストがどれほどのものであったのか、現実にはわからない。しかし、三角貿易がイギリス船でおこなわれていたのだから、貿易額だけではなく輸送量やサービスを加えた国際収支の次元では、中国船で運ぶよりもさらに中国側の赤字が増えたと思われる。

現実に中国から銀が流出していたのであるから、イギリスとの貿易赤字だけではなく、本来、他のヨーロッパ諸国との貿易もみるべきである。たとえ中国最大の貿易相手国がイギリスであっても、他国との貿易収支も赤字であれば、この三角貿易、ひいてはアヘンの栽培を中国の貿易赤字のすべての原因のように論じることはできないはずである。中国の銀流出は、通説のように単純なものではないであろう。だが、ここではその可能性を示唆するにとどめたい。

いずれにせよ、イギリスが綿を輸出することによって、三角貿易を成立させたことはきわめて重要である。すでに述べたように、インドから綿製品のキャラコがヨーロッパに輸出されていたが、その輸入代替に成功したのがイギリスだけだったからである。大西洋貿易において、イギリスだけが綿の大量栽培に成功した。イギリスは、インドの綿と、世界中の市場で競争し、勝利をえていった。アジアでの三角貿易を成り立たせていたのは、大西洋貿易におけるイギリスの綿織物生産であった。

## アジアの海と大西洋の結合

大航海時代の先駆けとなったのはポルトガル人であった。アジアにおいても、ポルトガル人がまずいくつもの地域を征服していった。やがてそれらの支配地域のいくつかはオランダやイギリスによって奪取される。したがって厳密には決められないが、少なくとも近世において、ポルトガル商人はアジアで重要な働きをした。

ポルトガルはまた、アジアの海と大西洋を結合した。アフリカ東岸と西岸を植民地とし、両方の地域にまたがる帝国として機能した。ポルトガルは、異文化間交易の中心として機能した。さまざまな国が、ポルトガルのあとを追ってアジアやアメリカ大陸に進出した。

イギリスとオランダの東インド会社は、特許状をもち、しかも軍隊があったので独占市場が保証された。それにより「市場の透明性」が生み出され、キャラバン隊の時代には不可能であったことだが、価格が明確に決定される仕組みができあがった。両東インド会社の活動で香辛料輸送のためのキャラバンルートが崩壊し、海上ルートに取って代わられたのである。英蘭の東インド会社設立によって、ポルトガル人の活動の幅がある程度狭まったことはまちがいあるまい。ポルトガル商人に取って代わって、イギリス商人やオランダ商人、場合によってはフランス人が活躍するようになったのも事実である。

しかしステーンスゴーアの世代の研究者は、国家の意図を前面に押し出しすぎ、商人が国家の枠組みとは関係なく活動していたことを軽視した。そのためポルトガル商人が果たした役割を見逃したのではないかと思われる。ポルトガル海洋帝国は、徐々に衰退したのであり、キャラバンルートの設立で急速に落ちぶれたわけではない。ポルトガル人は、ニッチを狙い、なおアジア市場で活躍していた。少なくとも、ポルトガルの「商人の帝国」が急速に衰退したわけではない。

ポルトガル人研究者の側でも、ポルトガル海洋帝国を、世界史の文脈のなかに位置づけようとする意識が低かった。しかし近年、このような意識をもった研究が、英語で多数発表されるようになっており、近世のアジアにおけるポルトガル人の活躍が注目されるようになっている。

近世の特権商事会社は、独占権を付与されたとしても、非合法的な活動を取り締まることはなかなかできなかった。だからこそポルトガル商人が、イギリス商人やオランダ商人と協同できたのである。また、だからこそ密輸が横行し、スウェーデン東インド会社やフランス東インド会社が、イギリスに茶を密輸することができた。アジア、とくに広州からのフランス東インド会社とスウェーデン東インド会社の茶の密輸がなければ、イギリスは茶を飲む国民にならなかったかもしれないのだ。国家を背景とした東インド会社ではあったが、現実にはアジアでの活動は現地の商人にまかされることも多く、決して本国の意向が貫徹されていたわけではない。

この点に関しては、つぎのヤン・ド・フリースとファン・デル・ワウデの言葉が、オランダ東インド会社のみならず、近世のヨーロッパとアジアの貿易の現実をもっとも端的に示す。

パトリア〔アムステルダム〕にいる東インド会社の理事たちは、二〇ヵ月以内で『インドネシアの』バタヴィアとの通信に返事が来るとは予期できなかった。もしこんにち、それにほぼ匹敵するものがあるなら、銀河系でもっとも近い恒星との貿易が確立されてはじめて生じるであろう。この事実が、オランダ東インド会社の行動を理解する際にまず重要なことである。そのために、財政管理の維持ができなくなっていった。それは、一組の会計報告では、東インド会社の活動すべてを理解し、要約することは不可能だったためである。さらに、バタヴィアの総督が主導権を握るために付与される権限の範囲は、しばしば共和国在住の理事たちの意図をはるかに超えた（Jan de Vries and Ad van der Woude, *The First Modern Economy: Success, Failure, and Perseverance of the Dutch Economy, 1500–1815*, Cambridge, 1997, p.386.）。

これは一七世紀に関する発言であるが、たとえ一八世紀になっても、ヨーロッパとアジアの通信には非常に時間がかかった。この時間を大幅に短縮しないかぎり、ヨーロッパ世界経済がアジアを取り込み、文字通りの世界経済になることはできなかった。それは、一九世紀中葉以降のイギリスにゆだねられた。

一七世紀までの中国は、おそらく世界でもっとも豊かであったので、銀をひきつけることができたが、一八世紀になり貿易赤字になると、銀の輸出国に変わる。銀輸出のメカニズムについてはなお今後の研究の余地が多いが、産業革命によってヨーロッパ経済に対する中国経済の優位が失われていったことはたしかである。それには、イギリスが大西洋経済の開発により綿織物の生産に成功したことも大きく寄与した。だが、産業革命による綿織物輸出によって、イギリスがヘゲモニー国家になったのではない。

イギリスもまたアジアと大西洋を結合した。しかもその結合度は、ポルトガルのそれよりもはるかに強かったと推定される。その理由は、次章で解明される。

第五章

# 世界の一体化とイギリス

## ポルトガル、オランダ、そしてイギリスへ

ここで、ヨーロッパに話を戻してみよう。

かつて日本では、七年戦争が終わる一七六三年にイギリスの優位が確定されたといわれていた。七年戦争でフランスは、北米植民地を失ったのが、その大きな理由であった。しかし、当時はなお北米植民地の経済的重要性は低く、西インド植民地を失っていなかったフランスに、さほど経済的打撃があったとは思われない。

現在では、一八一五年のウィーン条約で、イギリスがヘゲモニー国家になったことが、欧米の歴史学界の通説となっている。フランスとの一〇〇年以上にわたる戦争に勝ったイギリスが、ヘゲモニーを握る国になったというわけである。ただしこのような主張は、イギリスが、ヨーロッパ内部で「ヘゲモニー」を握ったということを意味するにすぎない。これ以降、イギリスは世界に出ていくことになる。イギリスはまさに、「帝国の時代」に突入していくのである。

イギリスで書かれた帝国史の研究では、イギリスはまさに独力で帝国を形成したかのごとく書かれていることが多い。イギリス人は、帝国史を書くときに、ほとんどイギリス側の史料しか使わない。これこそまさに「拡大された国内史（extended national history）」ともいうべき研究態度である。帝国史研究と国内史研究の方法的差異がない。イギリス帝国史の研究は、本来、植民地側の史料も使わなければならないはずだ。だが、多くのイギリス帝国史家は英語文献の史料にのみ依拠している。これでは、イギリス帝国に対する植民地と他国の寄与が低く見積もられるという問題があろう。

本書でこれまで述べてきたように、最初の世界的海洋帝国はポルトガルであった。オランダも世界各地に進出したけれども、その広がりは、ポルトガルほどではないように思われる。たしかにアジアではインドネシアを長く領有したが、大西洋貿易ではポルトガルほどには活躍しなかった。オランダ東インド会社はアジア経済で大きな役割を果たした。それとともに、ポルトガル商人の私的なネットワークも広大であった。

近代世界システムの母体となり、「最初の近代経済」と呼ばれ、世界ではじめて持続的経済成長を遂げたのはオランダであったと思われるが、近代世界システムからみれば、それはあくまでヨーロッパの内部での出来事にすぎなかった。オランダの植民地は、なお近代世界システムの内部には入っていなかった。

ウォーラーステインの理論では、国際分業体制のなかに組み込まれることが、近代世界システム内部に入れられることを意味する。単にアジアの商品がヨーロッパに来たからといって、アジアがヨーロッパ世界経済の一部になるわけではない。

ウォーラーステインとは異なる立場から近代世界システムを論じる私の観点からも、貿易関係があったからといっても、アジアがヨーロッパ世界経済に組み込まれたとは考えられない。それは貿易関係であって、支配＝従属関係ではない。ポルトガル海洋帝国が拡大し、それが縮小してもポルトガル商人が新世界やアジアでの貿易に従事していたことは、ポルトガルが、ヨーロッパ外世界をヨーロッパ世界経済へと編入したことにはならないのである。まだ、商業活動で従うべきゲームの理論を、ポルトガルが決めたわけではないからだ。

一七世紀において、商業・経済面でのゲームの理論を決めたのはオランダであった。オランダは、商業資本主義の時代にヨーロッパ最大の海運国家であった。そのため多くの国々はオランダの船舶を利用しなければ商業活動を遂行できなかった。この時代にゲームの理論を決定したのは、海運業であった。

だがオランダは、ヨーロッパにおいてのみ支配＝従属関係を実現できたにすぎない。オランダ人はとくに東南アジアで活発に商業活動に従事していたものの、アジアを従属させることができるほど強い力をもってはいなかった。アジア（中東を含め）やアフリカを世界システムに組み込んだのは、イギリスであった。

ではイギリスは、どうやってそれを実現したのだろうか。

## ロンドンとハンブルクの台頭

一八世紀になると、アムステルダムの地位は相対的に低下する。その一方で、ヨーロッパ外世界、とりわけ新世界、ついでアジアとの貿易関係が強化される。そうなるとアムステルダムだけでは増大する貿易量・金融取引に対応することができなくなり、この都市に代わって、ロンドンとハンブルクが台頭していく。ロンドンがイギリス帝国の拡大と結びついていたことはよく知られるが、ハンブルクは中立都市という利点を活かし、他都市が交戦中であっても、商業をつづけることができた。

一八世紀のヨーロッパ史研究において、アムステルダム、ロンドン、ハンブルクの三都市の関係は非常に重要である。もしこのうち一つの都市だけが重要であったとすれば、その都市に問題が生じた場合、ヨーロッパ経済の機能が著しく低下した可能性がある。三つの都市があったからこそ、戦争の時代にリスク回避をすることができた。

ロンドンを中心とするシステムは、イギリス帝国の形成と関連していた。ロンドンは、イギリスの首都からイギリス帝国の帝都になった。それに対しアムステルダムやハンブルクを中心とするシステムは、物流を中心として形成された。ハンブルクは、ヨーロッパ大陸における物流の拠点であった。ハンブルクは国家ではなく「都市」であり、多様なバックグラウンドをもつ商人が訪れた。この点に加え、ロンドンとは異なり中央集権的な国家による強力な支援がないということからも、アムステルダムと類似した都市であった。

ハンブルクは、物流面からみるかぎり、ロンドンとじゅうぶんに匹敵する貿易都市であった。そのハンブルクを通じて、さまざまな商品がヨーロッパ大陸に流れた。ヨーロッパ大陸の商業においては、ハンブルクの方がロンドンよりも重要であった。

イギリスがロンドンを中心として政治的・経済的「帝国」を形成していったのに対し、ハンブルクは物流の中心として機能した。イギリスがイギリス帝国を中核とする世界システムを形成しつつあったのに対し、ハンブルクを中心として、それとは別の「もう一つの世界システム」が創出されていたのである。

イギリス史でいう「長い一八世紀」とは、英仏の政治的・経済的抗争の世紀であった。しかしイギリスの貿易の中心がロンドンだったのに対し、フランス各地の貿易は、国内の港ではなく、むしろハンブルクと結びついていた。ロンドンとハンブルクが、「長い一八世紀」のあいだに、北方ヨーロッパにおいて、アムステルダムが衰退して以降の第一の貿易都市の地位をめぐって争っていたのである。ロンドンとハンブルクの競争は、ナポレオン戦争が終了した一八一五年になってようやく、ロンドンの優位で決着がつく。このとき、ロンドンがまぎれもないヨーロッパ最大の貿易港となったからである。たしかに、一八一五年以降、ハンブルクの貿易は復活し、とくに南米との関係は深まった。しかし南米との貿易においても、ハンブルクの貿易額は、ロンドンにおよばなかった。それは、経済活動に国家が強力に介入することが、イギリスの成功をもたらしたことも意味した。

## 中央集権的な財政・金融システム――例外的なイギリス

現在の歴史学では、「例外的なイギリス（English exceptionalism）」という表現がしばしば用いられる。イギリスのシステムが例外的だというのは、元来、一八世紀のうちに、中央集権的な財政・金融システムを形成したことをいった。他の国々が、それに成功したのは、一九世紀のことにすぎなかった。イギリスは、よくいわれてきたように自生的に産業革命が発生したのではなく、政府の強力なバックアップがあったからこそ可能になったのだ。

高名なイギリス史家ピーター・マサイアスは、イギリスを「最初の工業国家」と呼んだ。イギリスが、世界に先駆けて産業革命を発生させたのだから、このようにいわれるのは、至極当然のことである。しかもイギリスは、フランスとの戦争をおこないながら産業革命に成功した。戦争遂行のために、イギリスは多額の借金をした。

たとえば、ジェームズ二世がフランスに亡命する直前のイギリスでは、国民所得の三～四パーセントが税として徴収されていたとされる。ジョージ一世が即位した直後の一七一四年のハノーファー朝では、イングランドとスコットランドの国民所得の九パーセントが税として徴収されていた。イギリスの税額は、それ以降もずっと上昇した。イギリスは戦争のたびに借金をし、そのために国債を発行し、その返済額はきわめて巨額になった。

そして、一七一一年、南海会社が創設されることになった。これは、スペイン継承戦争によって一六〇〇万四〇〇〇ポンドから五三〇〇万七〇〇〇ポンドへと拡大した、イギリス政府の債務を返済するためであった。南海会社は、スペイン帝国との貿易を独占することからえられる利益、そして政府の国債を購入することと引き換えに、年間五六万六五四三ポンドの政府年金を手に入れることからえられる利益を見越してつくられた。南海会社の株価は、みるみるうちに上昇する。一七二〇年には、イギリスの国債を南海会社が引き受けることになり、ますます株価は上昇するが、たちまちのうちに低下することになる。これは、「バブル」という用語のもとになり、南海泡沫事件（South Sea Bubble）と呼ばれる。

この事件以降、イギリスの金融政策は、イングランド銀行に一元化され、財政・金融システムは中央集権化した。このような効率的な戦争遂行システムは他国にはなかった。この点でイギリスは他国に大きく先んじていたのであり、だからこそイギリスは世界最初の工業国家になることができた。そのイギリスは、ヨーロッパ大陸より一世紀も早く、効率的な税制を特徴とする国家システムを形成していた。

イングランド銀行が国債を発行し、その返済を政府が保証するというファンディング・システムは、戦争遂行のうえで大きな成果をあげた。

## 海運業――例外的なイギリス

しかし、それ以外の点でも、イギリスは例外的であった。

イギリス海事史の泰斗であるラルフ・デイヴィスによれば、一五六〇年の段階では、イギリスの海洋国家としての地位はきわめて低かった。オランダ、スペイン、ポルトガルはいうにおよばず、ハンブルク、さらにはリューベックとくらべてさえ劣っていた。このような状況にあったイギリスは、国家が主導して、海運業を促進していったのである。

イギリスは航海法のもとで、オランダ船を排除する体制を築き上げていったのである。イギリスは、大西洋貿易のみならず、ヨーロッパ内部の貿易でも、オランダ船の排除に成功していく。他の国々と異なり、イギリスは、大西洋帝国とヨーロッパ内部の貿易圏で、国家が貿易活動そのものを管理するシステムの構築に成功したのである。これもまた、イギリスの独自性だというべきであろう。

イギリス人が所有する船舶のトン数は、一五七二年の五〇〇〇〇トンから、一七八八年には一〇五万五〇〇〇トンへと、二〇〇年間ほどで二一倍に増加した。

イギリス船を使うということは、イギリスの商船と海軍のためばかりではなく、外国人、なかでもオランダ人に輸送料を支払っていた国際収支を改善するのに大いに役立った。近世のイギリスは、保護貿易というより、むしろ保護海運業政策を特徴とした。

これは、自由貿易を原則としたオランダとは大きく異なるシステムであったことはいうまでもない。そしてそのイギリスが、オランダの次にヘゲモニー国家になったことはきわめて重要である。一九世紀のイギリスは、たしかに自由貿易を唱えた。それは、イギリスが世界経済の中心・中核である以上、自由貿易によって最大の利益を受けるのがイギリスであったからだとよくいわれる。

しかしまた、自由貿易を維持するために、イギリスは世界最大の艦隊を維持する必要があったことを忘れてはならない。それは、イギリス経済にとって大きな負担となった。だからこそパトリック・オブライエンが、イギリスの帝国主義的拡大は、イギリスにとって利益をもたらしたのか、それとも損失をもたらしたのかどうかという疑問を提起したのである。しかしイギリスが他国にもたらした利益と損失については、考察の対象外にあった。

一九世紀のイギリスと同様、一七世紀のオランダも、自由貿易を主張した。グロティウスが『海洋自由論』で、自由貿易を支持したことが、その証拠とされる。しかしグロティウスは、東インド貿易では保護貿易論者であった。したがって、彼はかなりの日和見主義者であったというべきであろう。あるいは、オランダ経済のイデオローグととらえることもできよう。ウォーラーステインの立場からは、これこそ、アジアはまだヨーロッパから発生した近代世界システムの外側にあった証拠であるということになろう。

一九世紀後半のイギリスは、世界の多くの地域をヨーロッパが母体となった近代世界システムに取り込んでいった。正確にいえば、まず帝国内で、ついで非公式帝国で、さらには世界の多くの地域での商品の輸送を、イギリス船でおこなうようになったのである。

それは、イギリスが七つの海を支配する「帝国」を形成し、世界をイギリスのシステムにある程度従属させたからこそ可能になったのである。一七世紀のオランダは、一体としての構造をもつ「帝国」は有していなかった。

オランダは、帝国を形成することなく、商人がみずから海運業を拡大していった。それに対しイギリスは、まず帝国内部の海運業を自国船でおこない、ついでイギリスの勢力下にあった「非公式帝国」で、最後に世界中でイギリス船を使用するようになった。ここでも、イギリスとオランダの海運業のあり方は、大きく違っていたのである。

## 大西洋貿易と綿――例外的なイギリス

すでに第三章で述べたように、ヨーロッパのいくつかの国は、アフリカ西岸から新世界へと奴隷を送り、そこで砂糖を生産するという貿易形態をとった。しかし、イギリスはそれに加えて、新世界で奴隷が綿花を栽培した。これも、イギリスの特徴であった。

イギリスが輸入した綿花がイギリスで綿製品となり、産業革命を引き起こすが、大西洋貿易全体をみれば、それは例外的現象であった。イギリスの大西洋貿易だけが、産業革命を生み出し、世界の歴史に大きな変革をもたらしたことも忘れてはならない。

しかもイギリスは、北米植民地だけではなく、ブラジルからも綿花を輸入していた。イギリスだけが綿生産の重要性に気がついていたとさえいえよう。

一般に、イギリスはインドから輸入される綿製品の代替産業として、綿業を発展させたといわれる。しかし、キャラコは、イギリスのみならずヨーロッパ大陸でも売られていた。アジアでインド綿の輸送をしていたのは、オランダ人であった。そう考えると、ヨーロッパ大陸の国々も、そしてとくにオランダは、輸入代替産業として、綿業を発展させることができたはずなのである。

## イギリス帝国の一体性

イギリスが輸入した砂糖の多くは、国内で消費された。そのため消費生活のパターンが大きく変化する「生活革命」が起こった。イギリスの生活革命は、ヨーロッパ外商品が流入し、それが国内で消費されることで生じた。それに対し他の国々の砂糖は、いったん本国に送られたのち、再輸出されることが多かった。

一八世紀において、オランダに関する詳細は不明だが、スペイン、ポルトガル、フランスについては、輸入砂糖のうち、少なからぬ割合がハンブルクに再輸出され、製糖されてまた輸出されたと推測される。その一部はデンマーク―スウェーデン間のエーアソン海峡を通る海上ルートで、また一部はハンブルク―リューベック間の陸上ルートを通りバルト海地方に輸出された。さらにエルベ川経由で中欧に送られる砂糖もあった。財政・金融システムが中央集権化したイギリスは、商品の輸送（海運業）、さらに綿業の発達という点で、例外的であった。

本質的に海との関係を扱う本書では、海運業の発展がきわめて重要な分析対象となる。それとイギリス帝国とは、どのような関係にあったのだろうか。それを明らかにするために、ここでオランダ海運業との比較をしてみたい。

北海とバルト海においては、一八世紀になっても、主として使用される船はなおオランダ船であり、イギリス船ではなかった。一七二四年に出されたスウェーデン航海法がオランダ船の排除を狙ったものであったことが、それを証明する。オランダ船は、オランダ以外でも使われた。それに対しイギリス船は、イギリス帝国内のみにすぎなかった。イギリス船がイギリス帝国外で数多く使われるのは、一八世紀末のことであった。

したがって英蘭のヘゲモニーのあり方は大きく違った。イギリスは、オランダという先進国に対して保護政策をとった。それは、なによりも海運業で顕著であった。イギリスはどんどん拡大していく帝国の内部の輸送をイギリス船でおこない、オランダ船を排除することに成功していく。

また、『帝国の事業』を著したヒュー・ボウエンによれば、イギリス東インド会社は、ほぼ一万平方マイルの領土をもち、強大な軍事力と政治力をもっていたが、やがてその力は衰え、一八一三年にはインドとの独占貿易が廃止され、一八三三年には中国との独占貿易が終了する。イギリス東インド会社の中核は、事業から統治へと変化する。同社は、一七六〇年代から、イギリス帝国経済の中心になり、一七六五年からは、インドからイギリスへと富を移動させることを目標とするようになった。

おそらく現在でも一般には、一七七六年にアメリカが独立することでイギリスの第一次重商主義帝国が瓦解し、一九世紀が進むにつれ、インドがイギリス植民地の核になったと考えられているであろう。

しかしボウエンによれば、すでに七年戦争のあとで、イギリス帝国の財政において、インドが重要性を増してくるのである。

インドからイギリスに送られた資金は、本国費（home charges）と呼ばれ、イギリス帝国のみならず、一九世紀には本国の財政にとってきわめて大きな位置を占めた。それと比較するなら、たとえばオランダ財政におけるインドネシアの重要性は、それほど高くなかったであろう。財政面からみても、イギリス帝国は他の帝国の追随を許さないほどの一体性があった。多くの植民地が、本国経済のために奉仕したのである。これほど強力な本国の権力を、イギリスの前のヘゲモニー国家であるオランダはもってはいなかった。イギリス帝国は、きわめて凝集性の高い帝国であった。

イギリスの領土支配力は、オランダのそれよりもはるかに強かった。近世オランダの帝国主義は、アジアの交易ルートに乗ってできたものである。インドネシアは、オランダがつくったとはいえまい。しかしイギリスのアジアの拠点であるインドは、イギリスが誕生させたといって過言ではない。

そもそもイギリス以前にインドを支配していたムガル帝国は、インド亜大陸の中央部にまでしかおよんでいなかった。このような帝国を、「インド」の帝国と呼んでよいのかどうかは疑問であろう。それに対しイギリスは、一八世紀後半のマイソール戦争で、南インドの支配権を獲得した。一八世紀第四四半期から一九世紀初頭までつづいたマラーター戦争で、デカン高原中西部の支配権を確立した。一八四九年のパンジャーブ戦争で、インド北西部からパキスタン北東部にまたがる地域を獲得したのである。

イギリスほど、いわば「むき出しの暴力」で、支配地域を拡大し、その地の政治構造を変えた国は、おそらく歴史上皆無であろう。

イギリスのヘゲモニー獲得により変わったのは、まずラテンアメリカ諸国であった。ラテンアメリカ諸国のうち、最初に独立したのはハイチであり、一八〇四年のことであった。ハイチはまた、ラテンアメリカ最初の黒人国家である。

ラテンアメリカ諸国は、母国であるスペインやポルトガルの手を通さずに、ヨーロッパに直接商品を大量に送るようになった。その中心はロンドンであった。ラテンアメリカ諸国は母国であるイベリア半島両国との紐帯を弱めた。ラテンアメリカ諸国が一八一〇年代後半からつぎつぎと独立していくのは、そのためであった。

さらにイギリスは鉄道業などによって、ラテンアメリカに直接投資をするようになった。さらにラテンアメリカは、イギリスの綿の市場になる。ラテンアメリカの一部は、イギリス産業革命のための市場として機能するようになる。

## 構造的権力

ウォーラーステインの定義によるヘゲモニー国家とは、経済的なヘゲモニーを有する国家のことである。しかし現実には、それに付随していろいろな権力をもつ国家でもある。

イギリスの国際政治経済学者のスーザン・ストレンジは、「構造的権力」という概念を提唱した。それは、国際政治経済秩序において、「ゲームのルール」を設定し、それを強制できる国家を指す。オランダとは異なり、イギリスは世界を支配する構造的権力をもっていた。本章では、それを可能にしたのは何かという問いに回答を与えたい。

また、スーザン・ストレンジは、著書『カジノ資本主義』のなかで、「すべての国に同一のルールが適用される公平なシステムの代わりに、極端に非対称的なシステムが発展していた」と述べた。ストレンジは一九八〇年代の世界情勢をみながらこのような発言をしたが、そもそも世の中に、公平なシステムなどありえない。ヘゲモニー国家に有利なシステムが存在しているのである。それを、「構造的権力」と呼ぶべきであろう。

ここでは、そのシステムがどのように誕生したのかを論じてみたい。

## 一九世紀後半からの商品・生産要素市場とグローバリゼーション

一九世紀のグローバリゼーションに関して、おそらく世界でもっとも影響力のある書物である『グローバリゼーションと歴史』を著したオルークとウィリアムソンによれば、さまざまな商品の価格が収斂していくという意味での世界の一体化は、一八二〇年代にはじまる。一九世紀後半に、商品と生産要素市場（生産要素である資本・土地・労働などが取引される市場）が、全世界で統合された。世界市場と無関係な場所は、第一次世界大戦がはじまるときには、ほとんどなくなっていた。世界経済が一体化（convergence）し、さらにいうなら、価格差がなくなっていったからである。

その大きな要因は、貿易と大量の移民にあったという。さらに彼らの考えでは、開放経済が、世界の一体化の原因であった。たとえば、実質賃金の相違は、一八七三〜一九一四年に世界中で大きく縮小した。

一八六九年にスエズ運河が開通し、帆船から蒸気船へと移動手段が変化し、そのほかにも、蒸気エンジンの改良など、輸送効率を上昇させる方法が導入された。そのため、リヴァプール—ボンベイ間の綿価格の価格格差は、一八五七年に五七パーセントであったのが、一九一三年には二〇パーセントになった。同期間のロンドン―カルカッタ間のジュート（黄麻）の価格格差は、三五パーセントから四パーセントにまで縮まった。さらに、電信の発明と発達は、労働市場と商品市場に同じような強い影響を与えた。

世界経済が一体化したのは、この時代の世界経済をリードしていたイギリスが、自由主義経済体制をとったからだというのが、彼らの意見である。また、蒸気船や鉄道の発達により、輸送コストは著しく下がった。また労働者が、たやすく世界を移動することができるようになった。

資本もまた、そのフローを増加させた。貧しい国に対して巨額の投資がなされた。その主要な理由としては、もし生産関数（企業や経済全体がどれだけの資源・原材料を投入したなら、どれだけの生産をおこなえるかを表した数式）がどこでも同じであり、資本と労働だけが生産に投入されるなら、投下資本への収益率は、豊かな国よりも貧しい国の方が高くなるというものである。

## 蒸気船とイギリスのアジア・オーストラリア進出

一般にはあまり知られていないかもしれないが、一八五〇年代中頃は、快速のクリッパー帆船の全盛期であった。だが、蒸気船と比較してスピードの点ではさほど劣らないとしても、航海の規則性の点で、帆船は蒸気船に著しく劣った。そもそも帆船は、風がなければ航行できない。風向きによって、航海に要する時間が大きく変わる。蒸気船は、帆船ほどには、風向きに左右されない。たしかにエンジンの質が向上するまでは大量の石炭を使ったが、蒸気船は、長距離航海においては、明らかに帆船に取って代わっていく。

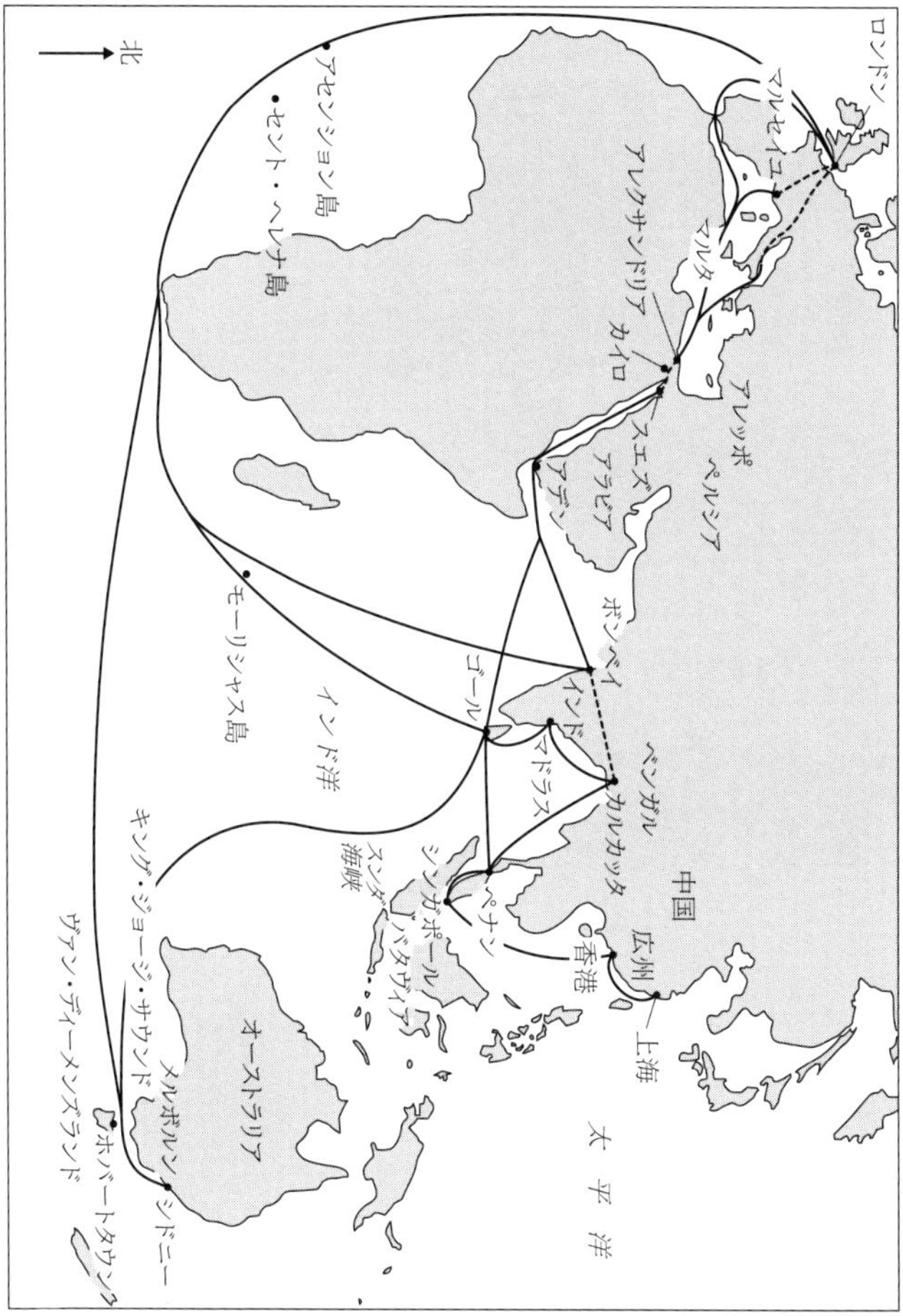


地図12　19世紀中葉におけるオーストラレーシアへの郵便ルート　出典：セイヤーリータ・ラークソ著（玉木俊明訳）『情報の世界史——外国との事業情報の伝達1815-1875』知泉書館、2014年、394頁。

ジャンク船

前頁の地図12は、イギリスの船舶会社であるP&Oの郵便船のオーストラレーシアまでの航路を示す。それ以外に、中国にまで進出していることが読み取れる。上海や香港が、この会社の航行ルートに入っている。このルートで、郵便のみならず、乗客や商品も輸送されたと考えられる。

アジアでは、東南アジアを中心に、多数のジャンク船が使われていたことが知られる。そのネットワークがかなり大規模なものであったことに、疑いの余地はない。とはいえイギリス船は中国にまで進出していたばかりか、セイロンのゴールを経由して、オーストラリアまで航海していたのである。オーストラリアは、帆船では定期航路の圏内に入らなかったであろう。

世界の多くの地域が、イギリス船の定期航路によって結ばれるようになった。それらの航路はむろん、電信によっても結ばれた。ジャンク船のネットワークを使った事例も多かったであろうが、それでさえ、多かれ少なかれ、イギリスが敷設した海底ケーブルを使って決済せざるをえなかった。さらにこの地図から、イギリス船が予想以上にアジアにまで進出していたことが読み取れないであろうか。

## 蒸気船が変えたアジア

世界ではじめて蒸気船を使用したのはフランス人であったが、その使用を世界的規模で展開したのはイギリス人であった。松浦章の研究によれば、一九世紀前半にイギリスの蒸気船が広州に来航したのをきっかけに、清国では、一八七二年に中国独自の汽船会社である輪船招商局がつくられた。日本では、一八八五年、日本郵船会社が創設される。これらが、東アジアの二大汽船会社であり、欧米の汽船会社と競争することになった。

中国における伝統的な海上航行の主力は帆船であったが、二〇世紀になると、欧米の汽船会社が中国沿岸で活動するようになる。一九〇四年九月～一二月のデータをみると、上海からの北洋航路の最大の目的地は、山東半島の烟台《えんたい》であり、それにつぐのは天津であった。中国系の汽船会社が主流であり、イギリス系がつづいた。

それにさかのぼり、ドイツは一八九八年に山東半島南岸の膠州湾《こうしゅうわん》周辺地域を租借地とした。そしてドイツの海運会社ハンブルク・アメリカラインが、青島をアジアへの進出拠点とした。さらに青島から上海や天津とのあいだで蒸気船を航行させたのである。

このように、中国においても、蒸気船の勢力はどんどん拡大していった。上海―杭州間の旧式民船（帆船）は、小型汽船に取って代わられるようになった。汽船は、内陸河川でも使われるようになった。上海からやや内陸の漢口（武漢）までは、蒸気船なら三日ほどで到着したが、風力を利用する民船では早くても二〇日間かかった。この差は、決定的なものであった。

非常に交通量の多い上海―寧波航路も、さらには上海―漢口航路も、中国の海運会社ではなく、アメリカとイギリスの会社が支配した。このように、東アジアに蒸気船が入ってきたため、輸送量は増え、輸送日数は大幅に低下した。ジャンク船はなおみられたが、東アジアの物流を大きく変えたのは、蒸気船であった。

## グーテンベルク革命以上の革新

蒸気船により船のスピードアップがはかられた時代は、電信の発明により、情報伝達が大きくスピードアップした時代でもあった。世界は、非常に狭くなったのだ。

アントウェルペンやハンブルクは、近世に大きな発展を遂げた都市であった。しかし、一九世紀のロンドンはそれ以上に成長した。それは、海外からの情報が、ヨーロッパのどの都市でもなく、まさにロンドンに最初に到着したからである。ロンドン市場の価格が、各国市場で共有されている唯一の価格であり、この価格は、ロンドンを発信源として海底ケーブルを通じて伝えられた。

海底電信網で、世界があっという間に結びつけられた。電信の発明以前には、イギリスからインドへの輸出は、数ヵ月前のインド市場の情報を用いなければならなかった。他国との金利情報の伝達にも時間がかかり、金利格差にもとづく短期移動が存在しなかった。それが、場合によっては、数日前の情報を使うことができるようになったのである。情報の信頼性が大きく増加した。資金の短期移動には、電信の発達が不可欠であった。

電信の発達は、情報伝達スピードという点で、グーテンベルク革命以上の革新をもたらした。すなわち、人間が移動するよりも速く、情報が伝達されるようになったのである。けれども不思議なことに、この事実はほとんど重視されない。また、電信網の普及は軍事情報の伝達が重要な要因であり、それが強調される傾向が強い。しかし、商業情報の伝達スピードに大きく影響し、商業がグローバル化する誘因となった。商業網は世界中に広がり、商品連鎖はさらに拡大した。電信網の普及により、情報伝達の正確性、スピードは飛躍的に増大した。

情報伝達方法の変化は、金融面でも根本的変革をもたらした。一九世紀末に電信がアジアに普及しなければ、おそらくロンドンを中心とする国際金本位制はこれほど速く世界を覆い尽くすことはできなかったはずである。

本質的に銀本位制であったアジア経済圏が、一八七〇年代にあっという間に金本位制に転換したのは、電信により、金本位制を採用していたロンドンの金融市場と直接つながるようになったからであろう。

アジアのある都市から振り出された手形が、電信を使って、二、三日のうちにロンドンで引き受けられるようになった。さらに、ロンドンを経由しないで、第三国間で直接取引できるようになった。そのうえ、イギリス系国際銀行を中核とし、多角決済システムの成立さえ可能にした。そのため、イギリス系国際銀行の資産総額は、国内の銀行よりも急成長したのである。

それ以前であれば、手形は、いくつもの貿易港に立ち寄り、最終的にロンドンで引き受けられるまで、数十日を要した。スエズ運河ができようが、インドで鉄道が発達しようが、電信がなければ、情報の伝達スピードは人間の移動速度よりも速くはなりえない。電信が未発達の一八五四年の時点において、イギリスからの外国手形は、原本一枚、複本二枚をつくり、別々の郵便船で引受地に送られるのがふつうであった。おそらく、外国為替が現地につかない場合を想定した、リスク回避の行動であった。

電信の登場は、その様相を一変させた。電信により、どこにどのような需要があるのか、短時間のうちに把握できるようになった。それ以前の商社は、膨大な在庫をかかえて、注文が来るのを待たなければならなかった。鉄道や蒸気船などの交通手段の発展もあり、在庫は大きく減少した。また、鉄道の敷設と電信の発展は同時に進行した。鉄道が敷設されると、通信のために電信が使われたからである。

イギリス帝国の金融市場の発展は、電信なしでは考えられなかった。しかもイギリスにおいて、電信会社は当初は民間企業であったが、一八七〇年からは国有企業となった。二〇世紀前半にいたるまで、イギリスの電信事業は、政府主導型の公益事業であった。いわば、政府の事業であった。ここからも、政府が経済活動のインフラ整備に大きくかかわっていたことがわかる。

近世の国際貿易商人の情報ネットワークに国家があまりかかわらなかったのは、インフラの整備に金があまりかからなかったからである。オランダのヘゲモニーやポルトガル海洋帝国も、そういう時代の産物であった。しかし、イギリスのヘゲモニー獲得には、国家による投資が必要不可欠なほどのインフラを必要とした。

イギリスの構造的権力の少なくとも一部は、電信によって支えられていたのである。

## 蒸気船と電信——一九世紀イギリスの対外的進出

イギリスの蒸気船は、イギリス製の綿製品を積み、世界中の海で航海した。そして、そのためにイギリスのロイズで海上保険がかけられた。イギリスの海運業が発展すればするほど、貿易外収入（invisible earnings）が増えるようになった。そもそも「定期航路」が誕生したのも、おおむね一八二〇年代のことであり、それは蒸気船と軌を一にして発展した。それ以降、帆船はつづいたが、北欧最高の海事史家イルヨ・カウキアイネンによれば、世界は「縮まった」のである。

次頁の表9は、一八二〇年を一〇〇として、世界のさまざまな地域から送られた情報がロンドンに到達するまでの時間の変化を示したものである。平均すると、一八七〇年には二九となり、大幅に時間が短縮されたことがわかる。インドの場合、一八七〇年には四となっており、異常なほどのスピードアップである。スエズ運河が一八六九年に開通したことが、その大きな要因であろう。インドへの情報伝達時間がこれほどまでに短縮されたのなら、インドとの事業のために東インド会社を置いておく必要性はなくなる。一八五八年にイギリス東インド会社が解散し、一八七七年にイギリス領インド帝国が成立し、イギリスのヴィクトリア女王が帝位を兼ねたのは、インドとの情報のやりとりがずいぶん速くなり、本国が直接統治しても、情報のギャップがありすぎるということがなくなったからでもあろう。

さらに一九三頁の表10は、電信の導入によってどれほど通信時間が短縮されたのかを示す。この表から判断するかぎり、電信は、おおむね一八六〇〜七〇年のあいだに導入された。電信は、世界の距

| ルート | 1820 | 1830 | 1840 | 1850 | 1860 | 1870 |
|---|---|---|---|---|---|---|
| 大西洋 | 100 | 84 | 62 | 49 | 42 | 30 |
| バルト海 | 100 | 71 | 46 | 43 | 27 | 24 |
| 北海 | 100 | 71 | 50 | 42 | 29 | 29 |
| 大西洋岸フランス | 100 | 92 | 52 | 39 | 26 | 21 |
| イベリア半島 | 100 | 89 | 48 | 39 | 39 | 29 |
| 西地中海 | 100 | 89 | 60 | 42 | 21 | 21 |
| 東地中海・黒海 | 100 | 77 | 51 | 34 | 23 | 22 |
| 大西洋諸島、ケープ | 100 | 94 | 71 | 87 | 56 | 48 |
| インド | 100 | 89 | 34 | 28 | 22 | 4 |
| 他の極東地域 | 100 | 94 | 69 | 31 | 30 | 23 |
| オーストラリア | 100 | 101 | 86 | 85 | 38 | 39 |
| バルパライソ（チリ） | 100 | 101 | 92 | 55 | 39 | 38 |
| アルゼンチン・ブラジル | 100 | 77 | 84 | 72 | 39 | 35 |
| カリブ海・メキシコ湾 | 100 | 78 | 75 | 51 | 39 | 39 |
| アメリカ東海岸 | 100 | 82 | 64 | 42 | 41 | 33 |
| 平均 | 100 | 86 | 63 | 49 | 34 | 29 |

表9　さまざまなルートからロンドンへ送られる通信の1820–70年のスピード改善。中央値で算出。1820年を100とする。
出典：Yrjö Kaukiainen, "Shrinking the World: Improvements in the Speed of Information Transmission, c. 1820–1870", in Lars U. Scholl and Merja-Liisa Hinkkanen compiled *Research in Maritime History,* No. 27, *Sail and Steam: Selected Maritime Writings of Yrjö Kaukiainen,* St. John's, 2004, p.235.

離をあっという間に縮めた。一八七〇年には最小で二日間、最大でも四日間あれば、世界のどこにでも情報が到着した。

電信が発明される以前には、おそらく手旗信号や伝書鳩がもっともスピードが速い通信手段であった。しかし、それらの方法では情報の入手が不確実である。手旗信号は霧になると使えないし、伝書鳩は確実に目的地まで飛ぶとはかぎらなかったので、複数の鳩を飛ばさなければならず、重要な情報は伝達できなかった。

電信により、人間ははじめて、人間が移動するよりも速い通信手段をもつようになった。電信は、イギリス史家ヘッドリクによれば、「見えざる武器」であった。

| | a: 1820 | b: 1860 | c: 1870 | a–b | b–c |
|---|---|---|---|---|---|
| アレクサンドリア | 53 | 10 | 2 | 43 | 8 |
| マデイラ | 30 | 14 | 2 | 16 | 12 |
| ケープタウン | 77 | 39 | 4 | 38 | 35 |
| ボンベイ | 145 | 26 | 3 | 119 | 23 |
| カルカッタ | 154 | 39 | 2 | 115 | 37 |
| 香港 | 141 | 54 | 3 | 87 | 51 |
| シドニー | 140 | 53 | 4 | 87 | 49 |
| バルパライソ（チリ） | 121 | 47 | 4 | 74 | 43 |
| ブエノスアイレス | 97 | 41 | 3 | 56 | 38 |
| リオデジャネイロ | 76 | 28 | 3 | 48 | 25 |
| バルバドス | 46 | 21 | 4 | 25 | 17 |
| ハバナ | 51 | 19 | 4 | 32 | 15 |
| ニューオルレアン | 58 | 19 | 3 | 39 | 16 |
| ニューヨーク | 32 | 13 | 2 | 19 | 11 |

表10　電信導入以前と以後の外国との通信の発展。各都市からロンドンまでの情報伝達の所用日数。

出典：Yrjö Kaukiainen, "Shrinking the World: Improvements in the Speed of Information Transmission, c. 1820–1870", p. 252.

### 海底ケーブルの敷設

イギリスは、「日の没することなき」帝国となった。そのためには、電信の発達が不可欠であった。一八三〇年代以来、蒸気船、鉄道、運河、電信が、世界のさまざまな地域を結びつけるようになった。もともと電信は、アメリカで一八四四年にモールスが最初に実用化したものである。したがって、アメリカ大陸でも電信は普及した。イギリスでも電信は瞬く間に普及し、一八五一年には、ドーヴァー海峡の海底ケーブル敷設に成功する。

ドーヴァー海峡で海底ケーブルを敷くために、当初は電信線を麻で何重かに巻き、それにタールを染み込ませて海水の浸透を防ごうとした。しかし、それはすぐに使えなくなった。絶縁性が確保できなかったからである。それを解決したのが、マレーシア原産で熱帯の木から産出されるガタパーチャというゴムに似た固体の素材であった。これは、現在では歯科などでもっとも頻繁に使用される材料である。この材料は、シンガポール経由でイギリスに持ち込まれた。イギリスが帝国化していたおかげでこの素材が入手でき、またガタパーチャのおかげで、イギリス帝国の紐帯は強まった。

しかし、大西洋海底ケーブルはなかなか敷設できなかった。そもそも大西洋は深く、そして大きく、巨大な蒸気船を使わなければ、海底ケーブルは敷設不可能である。

まず、一八五七年に最初の試みがなされたが失敗した。荒れた海でケーブルが破損し、大西洋の深海で失われてしまった。翌五八年には二度海底ケーブルの敷設がなされた。一度目は失敗し二度目にようやく成功したようにみえたが、二ヵ月後に使用不可能になった。通信可能な海底ケーブルの敷設に成功したのは、一八六六年のことであった。海底ケーブルはあっという間に延び、一八七一年には、長崎にまでつながる。一九〇二年には太平洋海底ケーブルが敷かれ、世界全体が海底ケーブルでつながれた。

次頁の地図13の南方のルートは、ヨーロッパのアジアへの拡大をそのまま反映する。地中海の海底ケーブルは、イタリア商人とムスリム商人の貿易ルートであった。スエズ地峡をへて紅海にいたるル

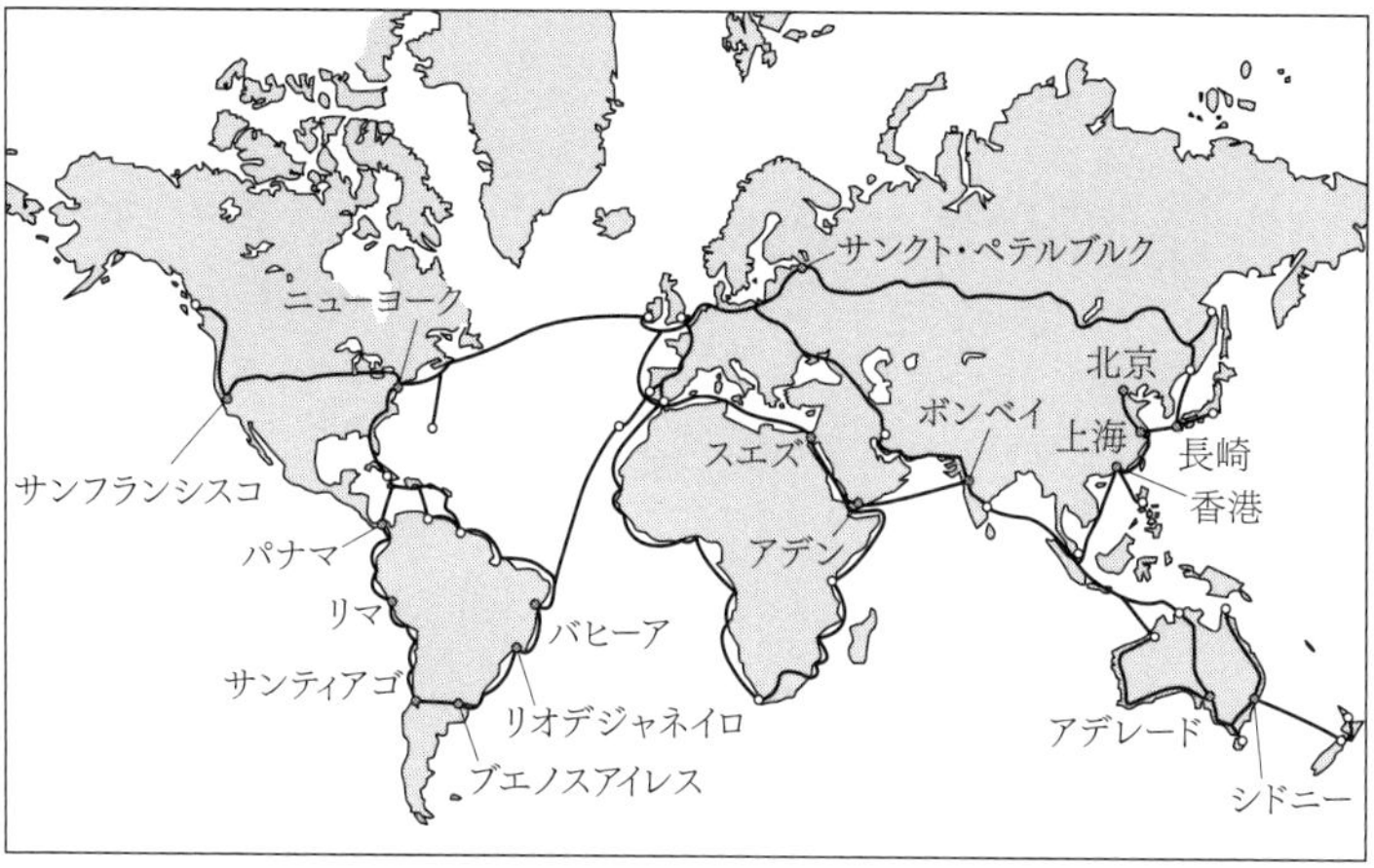


地図13　1891年時点での電信網

ートは、いうまでもなくムスリム商人ないしオスマン帝国のルートであった。そこからインドに到達する海底ケーブルは、ムスリム商人の貿易ルートであり、このルートは、ヴァスコ・ダ・ガマが使用した航路に近い。インド内部はインド商人の交易網を使用したものと思われる。インドから東南アジアまでの海底ケーブルは、インド商人、ヒンドゥー教徒、アルメニア人および東南アジアのさまざまな商人の貿易ルートであった。このルートは、人種のるつぼとさえいえるほど、多様な商人が活動していた。アフリカまわりの海底ケーブルは、ポルトガル人が開拓したものであることは言を俟《ま》たない。

　アイルランドから北米への海底ケーブルは、イギリス人が開拓したルートを使った。このルートの北米部分は、ビーバーの毛皮取引と同じルートであったと推測される。北米からカリブ海にいたる海底ケーブルは、もともとセファルディムの商業ルートであった。さらにイベリア半島から南米への海底ケーブルも、セファルディムの商業ルートを利用している。

地図13の北方のルートでは、シベリアルートはデンマークが創立した大北電信会社のルートである。この会社は、デンマーク・ノルウェー・イギリス電信会社、デンマーク・ロシア電信会社、ノルウェー・イギリス電信会社が合併し、コペンハーゲンで創設されたものである。したがってこの会社にも、イギリス資本は投資されていた。ロシアからウラジオストクまでは、もともとはアルメニア商人、シベリア（イルクーツク）商人、ヤクーツクの商人を含むロシア商人の商業ルートであったと考えられる。上海と香港のあいだは海底ケーブルで結ばれたが、これは元来中国商人、華僑、さらには東南アジアのさまざまな商人が利用していた商業ルートであった。

すなわち、電信は、近世の国際貿易商人によって利用されたルートを、ほぼそのまま使ったものと考えてよいのである。このルートでの交易に従事していた商人は、多種多様であった。すなわち電信のルートは、近世において異文化間交易に従事していた商人のルートを継承したものであり、ここに近世と近代の大きな連続性がみられるのである。

イギリス帝国は、世界史上最大の帝国であった。そのため、帝国に含まれる異文化間交易も、きわめて多かった。電信、とりわけ海底ケーブルによって、さまざまな異文化の商業情報を非常に早く入手することが可能になった。もともとは緩い紐帯でしかなかった異文化間交易のルートは、近世のあいだに徐々に強い紐帯となり、電信によって一体化したのだ。イギリスは、自分たちが開拓したルートよりはむしろ、他の国々、とりわけポルトガル人が開拓したルートを使って、みずからの支配領域を拡大したのである。

しかも海底ケーブルを使い、海をたどることで、世界が一体化していった。それは、基本的にイギリスがつくったインフラを利用して形成されたのである。

## 「情報の帝国」

電信によって、ロンドンは世界の情報の中心に、それゆえに金融の中心になった。一八七〇年頃にイギリスの工業生産額がドイツ、フランスのそれに追いつかれたとしても、このようなシステムがあるかぎり、イギリス経済は金融面で他の追随を許さなかったのである。電信網が発達しなかったなら、イギリス帝国の統治システムは非常に非能率的だったはずである。いや、イギリス帝国は一体として機能しなかったかもしれない。

電信が発達したため、商況慣行が国際的に統一化される傾向が生み出され、取引コストは著しく低下したと推測される。

情報が国家機構を使って流れるかぎり、商人は、その情報を利用せざるをえず、商人のコスモポリタン性は薄くならざるをえない。近世の国際貿易商人が「無国籍」であったのに対し、近代の国際貿易商人は「多国籍」とみなさざるをえなくなる。近世のヘゲモニー国家オランダで国家権力が弱かったのに対し、近代のヘゲモニー国家イギリスの国家権力が強かったことは、それを例証する。

近世の支配＝従属関係は、商品輸送によって発生した。商業資本主義の時代においては、商品を輸送する国・地域が輸送される国・地域を従属化させた。

一方、近代になると、第一次産品輸出国・地域が先進国・地域に従属するという傾向が生まれた。しかしそれは、工業国が第一次産品の輸送を担っていたからでもある。さらに、商業情報の中心地が他地域を従属させることもあった。後進国は、その情報網に乗らなければ商業活動ができないからである。商人は次第に国家がつくった商業用のインフラを利用せざるをえなくなった。

イギリスは、電信によって、世界の情報の中心となった。イギリスは、いわば「情報の帝国」になった。そのため、金融の中心になり、世界の人びとは、イギリス流の経済の運営方法＝ゲームのルールに従わざるをえなくなった。

ポルトガル海洋帝国は、アジアと大西洋を結合した。しかしその結合度は、決して強くはなかった。近世において発展した広大な異文化間交易のネットワークは、近代になり、イギリスの金融・情報システムによって結びつけられた。

フィリップ・カーティンによれば、異文化を結びつける媒介がないと、異文化間交易は機能しない。ポルトガル海洋帝国の場合、それは人間であった。イギリス帝国になると、それが電信へと変わった。

そのため、イギリス帝国の紐帯は、ポルトガル海洋帝国のそれよりもはるかに強くなったのである。さらに、世界の政治経済の秩序、すなわちゲームのルールを決める構造的権力となったのだ。

たしかに、イギリスは世界最初の工業国家になった。アフリカ西岸から新世界に奴隷を運び、彼らに綿花を生産させ、それを自国船で本国に持ち帰り完成品の綿織物とし、インドとの競争に勝ち、世界市場で販売した。この行程の多くで、イギリス船が使用された。しかし、そのことがゲームのルールを決定し、ヘゲモニー国家になった理由とは思われない。

すべての地域がイギリスの命令に従うには、イギリスが世界金融の中心となり、ほとんどの国際貿易の決済がイギリスの金融市場を通じておこなわれる必要があった。イギリスは、それにより膨大な手数料収入をえた。国際経済は、イギリスを中心にまわるようになった。いや、正確にいえば、すでに中心となっていたイギリスの力が、はるかにパワーアップしたのだ。

そのために、電信は不可欠の装置だったのである。

# 終章 海からみた世界システム

## 海による拡張

本書は、ヨーロッパの自然環境の条件から、ヨーロッパが海を通じての対外的拡張を余儀なくされたという観点から叙述を開始した。

また本書は、海による対外的拡張という観点から、ウォーラーステインの近代世界システムをとらえなおした。ウォーラーステインの議論は、産業資本主義時代の国際分業体制にもとづいている。第一次産品である農作物や鉱物を輸出する国が、先進国に従属するという関係が、一六世紀のヨーロッパでも成り立っていたと主張する。ウォーラーステインが、資本主義社会が成立したあとで産業革命が生じたと考えているのは正しいが、産業資本主義の理論を商業資本主義の時代である近世に当てはめたことで大きなミスを犯した。ヨーロッパはまず商品の輸送経路を確保して、それからヨーロッパの船を使って世界各地に進出した。その後、産業革命が発生し、徐々に産業資本主義時代に突入していったのである。

古代から、アジアの民族が陸上ルートでヨーロッパに来襲したことはあった。たとえば古代ローマを滅亡に追いやったフン族は匈奴だといわれている。中世になると、アジア系のマジャール人がヨーロッパに進出した。モンゴルの領土は現在のヨーロッパの一部にまで達した。しかしながら、歴史を通じて、アジアの民族が海上ルートでヨーロッパに進出したことは一度もない。これは、ヨーロッパとアジアの大きな相違である。

そのため本書では、海からみた近代世界システムを提唱した。

## ウォーラーステインとブローデル

本書で何度も取り上げたウォーラーステインに大きく影響を与えた人物は、フェルナン・ブローデル（一九〇二〜八五年）であった。ブローデルは、その著書『歴史入門』において、世界経済économie-mondialeと世界＝経済économie-mondeという二つの言葉を使い分ける必要があるといった。前者は一つの全体としてみた世界の経済を指すのに対し、後者は、経済的な全体を形成しているかぎりの、地球のある一部分だけの経済を意味する。ブローデルは、中世はおろか古代においても、世界は、共存する複数の世界＝経済に分割されていたという。それに対しウォーラーステインは、一六世紀以降に形成されたヨーロッパの世界＝経済以外に世界＝経済は存在しないとみなしている。二人の差異は、ブローデルが中近世を一つの世界史としてとらえ、ウォーラーステインが近世にはじまりこんにちまでつづく近代世界システムを考えた点に求められよう。

なお、ウォーラーステインの「世界経済」は、英語では“World-Economy”となり、ハイフン（-）が使用される。決してハイフンのない、“World Economy”ではない。これは、ハイフンのあるéconomie-mondeに由来する語だからである。

ブローデルの歴史学の見方については、日本では川北稔が、つぎのように批判する。

　ブローデルは、さまざまな物質世界の問題をひろく論じてはいますが、そのベースはヨーロッパ史であり、地中海史であり、フランス史です。つまり、本質的に、ヨーロッパ中心史観から自由ではありません。……ブローデルの世界史は、所詮「地中海世界史」であって、今日のグローバリゼーションまでを視野に入れられるものではないように感じます。……ブローデルは、アジアの商品がヨーロッパに流入したという事実しかとらえておらず、はなはだヨーロッパ中心的で、アジアの生産構造の再編などにはあまり関心を示していません（川北稔著・聞き手、玉木俊明『私と西洋史研究――歴史家の役割』創元社、二〇一〇年、一四六～一四八頁）。

川北の批判はかなり手厳しく、フェアとはいえないかもしれない。人によっては大きな反感を感じるであろう。それでもなお、近世のヨーロッパで生まれた経済システムが世界を呑み込んでいったことをブローデルが見逃していたことを指摘する点では、正鵠《せいこく》を射ていよう。しかも、ヨーロッパは海を通してみずからの支配地域を拡大し、支配＝従属関係を強めていったことに、もっと注意を向けるべきである。

私の考えでは、古代以来、たしかに世界にはいくつかの「世界帝国」（広大な領土を有する帝国）があり、世界＝経済（ウォーラーステインの用語では「世界経済」）があった。「ヨーロッパ世界経済」が誕生したときにも、複数の世界＝経済があった。そのなかには、ヨーロッパよりも強力な世界＝経済があったかもしれない。もしかしたら、アジアの世界＝経済の方が巨大だったかもしれない。しかしながら、ヨーロッパで生まれた世界経済すなわち、ヨーロッパ世界経済だけが拡大し、世界を覆い、こんにちの世界を形成したのである。ウォーラーステインが主張しているのは、まさにこのことであろう。

## ポルトガル海洋帝国からイギリス帝国へ

最初の世界的海洋帝国は、ポルトガルであった。スペインとともに大航海時代の幕を開けたポルトガルは、アジアと大西洋の両方にまたがる海洋帝国を築いた。どちらの地域でも、ニュークリスチャンが活躍した。その規模は、世界最初のヘゲモニー国家となったオランダより大きかった。

ポルトガル海洋帝国は、一六二〇年頃から衰退したようにみえた。しかし、それは政治的「帝国」の衰退ではあっても、商人の「帝国」の衰退ではなかった。ポルトガル商人は、アジアのあちこちで中間商人として稼働した。確たる数値を出すことは不可能であるが、アジアにおけるポルトガル商人の活動は、英蘭と比較すると徐々に衰退したとしても、一八世紀になってもなおつづいていた。

大西洋貿易においてもポルトガル商人は大きな活躍を示した。大西洋奴隷貿易で、もっとも多くの奴隷を運んだのはポルトガルであった。大西洋経済では、ほぼどの国も、西アフリカから奴隷を新世界に輸送し、彼らに砂糖を栽培させるという形態をとった。それはポルトガルの手法を、他国が真似たものである。しかも、ポルトガル系のセファルディムは、ポルトガル領ブラジルの砂糖の製法を、フランス領、イギリス領、オランダ領の西インド諸島に伝播させたのである。

このようなポルトガル海洋帝国は、国家が先頭に立って形成されたのではなく、商人が自律的な組織をつくったためにできたのである。ポルトガルの海洋帝国には多数の異文化間交易圏があり、それは人的ネットワークによって緩やかに結合された。

イギリスは、ポルトガルとは対照的なパターンをたどった。国家が、自国の経済成長に大きくかかわったのである。

現在のイギリス史研究では、近世のイギリスは「例外的であった」という共通認識がある。イギリスは、一八世紀の段階ですでに中央集権化した財政・金融システムが発展していた。イングランド銀行が銀行券を発券し、さらに国債を発行する。その国債の返済は、議会によって保証された。このようなシステムはヨーロッパ大陸諸国では、一九世紀にならないとみられないものであった。イギリスが他国に先駆けて産業革命を発生させることができたのも、イギリスが例外的に中央集権的な財政・金融システムをもっていたからである。

しかし、それ以外にも、イギリスの例外性がみられた。まず、海運業を大きく発展させたこと、そして新世界で綿花を栽培したことである。

一六五一年にクロムウェルが航海法を発布して以降、オランダ船の排除に尽力し、それに成功していった。イギリス帝国内の船は、基本的にイギリス船であった。イギリスの重商主義政策とは、より厳密にいうなら保護海運業政策だということができよう。オランダは、自国の領土とは関係なく世界中に船を送ったのに対し、イギリス船にはそこまでの力はなく、イギリス帝国内で操業した。イギリスはそこから海運業を拡大させ、非公式帝国、さらには世界中の商品を運ぶようになったのである。

一般のイメージとは異なり、イギリスは、経済に国家が大きく介入することで経済成長をした。国家が中央集権化せず、国家の凝集力が弱かったオランダとはまったく対照的であった。

イギリスの例外性は、新世界で綿花を生産し、それを本国で最終製品にして、世界中の市場に売り出した点にも見出される。他の諸国が新世界の植民地でアフリカ西岸から連れてきた奴隷を使って砂糖を生産していたのに対し、イギリスはそればかりか、新世界植民地における綿花の生産にも成功した。もし新世界で綿花を生産していなかったとしたら、綿製品をインドに売り、インドからアヘンを輸出して茶の代価とするという三角貿易をおこなうことはできなかった。

イギリスがヘゲモニー国家になったのは、ナポレオン戦争が終わった一八一五年だとされる。イギリスはフランスとの第二次百年戦争（一六八八〜一八一五年）を勝ち抜き、近世ヨーロッパのさまざまな戦争の最終的な勝者となった。しかし、この時点ではまだ、正確には「ヨーロッパのヘゲモニー国家」になっただけである。イギリスは蒸気船の開発を進め、世界の海に乗り出していく。帆船と比較して、蒸気船が圧倒的に速いわけではなかったが、その輸送力ははるかに大きく、帆船ほど天候に左右されずに航海することができる。東アジアは、蒸気船によって物流のシステムを大きく変えた。蒸気船により、オーストラリアまでの定期航路もできた。帆船では、それは不可能であっただろう。

イギリスは急速に対外的進出を進め、一八四二年には中国とのアヘン戦争に勝利する。銘記しておくべきは、この時点では、まだイギリスはスーザン・ストレンジがいう構造的権力はもっていなかったことである。イギリスは国際政治経済秩序におけるゲームのルールを決め、自分の意志を強引に他国に押しつけるまでにはいたっていない。それが可能になったのは、電信が発明されたからである。

一八五一年に、最初の海底ケーブルがドーヴァー海峡で敷設された。一八七一年になると、それは長崎にまで延びた。最初の太平洋海底ケーブルが敷設されたのは、一九〇二年のことであった。とくに重要なのは、日本にまで海底ケーブルが延びたことであり、これにより、アメリカ大陸から極東までが電信によってつながれることになった。だが太平洋は、まだ世界経済のなかに組み込まれてはいなかったと思われる。

海底ケーブルは、昔からの商人のルートに沿って敷設された。近世のヨーロッパの対外的拡張がなければ、海底ケーブルを敷設することはできなかったであろう。近世の海を通じた拡大が、近代の海底ケーブルを通じたイギリスの影響力拡大の基盤となった。

海底ケーブル、さらには電信網の敷設は、国家的事業であった。商業情報は、もはやコスモポリタンな商人ではなく、国家がつくったインフラストラクチャーを通じて流れるようになった。旧来の商人のネットワークに取って代わって、国家が商業に大きく関与することになった。商人は、国家が提供するインフラを使わなければ、商業活動を遂行できなくなった。

世界中が電信によってつながれると、情報伝達のスピードが急速に増加した。世界中に、あっという間に情報が伝わることになったからだ。さらに、当時の世界の金融の中心がロンドンであり、イギリスが金本位制である以上、世界中の国は、国際貿易の決済にはロンドンの銀行を使わざるをえず、そのため世界のほとんどの地域で金本位制が採用されたのである。

電信は「見えざる武器」であり、経済のゲームのルールを決定するもっとも重要な武器となった。産業革命によって工業製品を輸出できただけではなく、電信によってイギリスの世界支配＝ヘゲモニーが完成したのである。電信は、異文化間交易の媒介となった。ポルトガルの場合、異文化間交易の媒介は人間であったのが、機械へと転換したのである。

一九一三年の時点で、その電信の八割を敷設していたのがイギリスであった。世界の多くの地域で、経済成長が起こるとすれば、イギリス製の電信を使うほかなく、そのため、他国が経済成長したとしても、イギリスはじゅうぶんに儲かる手数料を獲得できる仕組みができあがっていたのである。

## 軍事情報と商業情報――ヘゲモニーのあり方

ヘゲモニー国家はもっとも経済力がある国家である。したがって、そこには多数の商業情報が集まる。そして商業情報と軍事情報には、密接な関係があった。

最初のヘゲモニー国家であったオランダのアムステルダムは、ヨーロッパの武器市場の中心であった。アムステルダムの武器は、ヨーロッパ各地で売られた。オランダ独立戦争の敵国であるスペインでさえ、アムステルダムで製造された武器を使っていたといわれることさえある。武器とは、きわめて高価な輸出品であり、しかも商人が武器を知悉していれば、どのような戦術で攻めてくるのかはすぐにわかる。アムステルダム商人の一部は死の商人であり、また、オランダを独立に導く軍事情報をもたらした、貴重な商人でもあった。

イギリスのヘゲモニーにとって重要な電信も、軍事情報と大きな関係があったことはいうまでもない。電信は、クリミア戦争やアメリカ南北戦争で大きく発達した、軍事上重要な武器であった。そして電信は、商業用にも用いられた。イギリスが世界中に電信を張り巡らせたのも、世界中の軍事情報が必要だったからである。イギリスの軍事情報入手装置・伝達装置である電信は、商業情報のやりとりのためにも使われた。

第三のヘゲモニー国家であるアメリカも、レーガン大統領の時代（一九八一～八九年）に軍事上の通信のためにＩＴ技術を発展させ、やがてそれを民間に開放し、インターネット大国となり、経済的にリバイバルした。現在、インターネットなしでは、世界の商業活動が不可能になっている。ここにも、軍事情報と商業情報の密接な関係がみられる。

ヘゲモニー国家とは、軍事情報と商業情報の両方をもっとも効果的に利用できた国でもあったのだ。

# 主要参考文献


## 一次史料

Customs 3 (National Archives, London)

Bang, Nina Ellinger and Knud Korst (eds.), *Tabeller over Skibsfart og Varetransport gennem Øresund 1497–1660*, 3 Vols., Copenhagen and Leipzig, 1906–1933.

Bang, Nina Ellinger and Knud Korst (eds.), *Tabeller over Skibsfart og Varetransport gennem Øresund 1661–1783 og gennem Storebælt 1701–1748*, 4 Vols., Copenhagen and Leipzig, 1930–1953.

Schneider, Jürgen, O. Krawehl und M. Denzel (Hrsg.), *Statistik des Hamburger seewärtigen Einfuhrhandels im 18. Jahrhundert: nach den Admiralitäts-und Convoygeld-Einnahmebüchern*, St. Katharinen, 2001.

## 著書・論文

### 欧文文献

Ahvenainen, Jorma, *The Far Eastern Telegraphs: The History of Telegraphic Communications between the Far East, Europe and America before the First World War*, Helsinki, 1981.

Ahvenainen, Jorma, *The History of the Caribbean Telegraphs before the First World War*, Helsinki, 1996.

Ahvenainen, Jorma, *The European Cable Companies in South America before the First World War*, Helsinki, 2004.

Alanen, Aulis J., "Stapelfriheten och de Bottniska Städerna 1766–1808", *Svenska Litteratursällskapets Historiska och litteraturhistoriska studier* 30–31, Helsingfors, 1956, s. 101–246.

Appuhn, Karl, *A Forest on the Sea: Environmental Expertise in Renaissance Venice*, Baltimore, 2009.

Åström, Sven-Erik, "From Cloth to Iron: The Anglo-Baltic Trade in the Late Seventeenth Century", Part I: "The Growth, Structure and Organization of the Trade", *Commentationes Humanarum Litterarum*, XXIII, 1, Helsinki, 1963.

Åström, Sven-Erik, "From Cloth to Iron: The Anglo-Baltic Trade in the Late Seventeenth Century", Part II: "The Customs Accounts as Sources for the Study of the Trade", *Commentationes Humanarum Litterarum*, XXXVII, 3, Helsinki, 1965.

Attman, Artur, *The Bullion Flow between Europe and the East 1000–1750*, Göteborg, 1981.

Atwell, William S., "International Bullion Flows and the Chinese Economy circa 1530–1650", *Past & Present*, No.95, 1982, pp. 68–90.

Atwell, William S., "A Seventeenth-Century 'General Crisis' in East Asia?", *Modern Asian Studies*, Vol. 24, No. 4, 1990, pp. 661–682.

Atwell, William S., "Ming China and the Emerging World Economy, c. 1470–1650", in Denis C. Twitchett and Frederick W. Mote (eds.), *The Cambridge History of China*, Vol. 8, *The Ming Dynasty, 1368–1644*, Part 2, 1998, pp. 376–416.

Atwell, William S., "Another Look at Silver Imports into China, ca. 1635–1644", *Journal of World History*, Vol. 16, No. 4, 2005, pp. 467–489.

Barbour, V., *Capitalism in Amsterdam in the Seventeenth Century*, Baltimore, 1950.

Benjamin, Thomas, *The Atlantic World: Europeans, Africans, Indians and Their Shared History, 1400–1900*, Cambridge, 2009.

Blanchard, Ian (Philipp Robinson Rössner ed.), *The International Economy in the "Age of Discoveries", 1470–1570:*

*Antwerp and the English Merchants' World*, Wiesbaden, 2009.

Bogucka, Maria, "Amsterdam and the Baltic in the First Half of the 17th Century", *Economic History Review*, 2nd ser., Vol. 29, No. 3, 1973, pp. 433–447.

Bogucka, Maria, "The Role of Baltic Trade in European Development from the XVIth to the XVIIIth Centuries", *Journal of European Economic History*, Vol. 9, No. 1, 1980, pp. 5–20.

Bogucka, Maria, *Baltic Commerce and Urban Society, 1500–1700*, Aldershot, 2003.

Bonney, Richard, "The State and its Revenues in ancien-régime in France", *Historical Research*, Vol. 65, 1992, pp. 150–176.

Bonney, Richard (ed.), *Economic Systems and State Finance*, Oxford, 1995.

Bonney, Richard (ed.), *The Rise of the Fiscal State in Europe, c. 1200–1815*, Oxford, 1999.

Bowen, Huw V., *The Business of Empire: the East India Company and Imperial Britain, 1756–1833*, Cambridge, 2006.

Boxer, C. R., *The Portuguese Seaborne Empire, 1415–1825*, London, 1969.

Boyajian, James C., *Portuguese Trade in Asia under the Habsburgs, 1580–1640*, Baltimore and London, 1993.

Braudel, Fernand et R. Romano, *Navires et Marchandises à l'entrée du Port de Livourne (1547–1611)*, Paris, 1951.

Braudel, Fernand and F. C. Spooner, "Prices in Europe from 1450 to 1750", in E. E. Rich and C. H. Wilson (eds.), *The Cambridge Economic History of Europe*, IV, London and New York, 1967, pp. 374–486.

Breen, T. H., "An Empire of Goods: The Anglicization of Colonial America, 1690–1776", *Journal of British Studies*, Vol. 25, No. 4, 1986, pp. 467–499.

Brulez, W., "De Diaspora der Antwerpse kooplui op het einde van de 16e eeuw", *Bijdragen voor de Geschiedenis der Nederlanden*, Vol. 15, 1960, pp. 279–306.

Butel, Paul, *Les négociants bordelais: l' Europe et les Iles au XVIII$^{e}$ siècle*, Paris, 1974.

Butel, Paul, "Les négociants allemands de Bordeaux dans la deuxième moitié du XVIII$^{e}$ siècle", J. Schneider, et al. (Hrsg.), *Wirtschaftskräfte in der europäischen Expansion: Festschrift für Hermann Kellenbenz,* Klett-Cotta, 1978, pp. 589–613.

Butel, Paul, "France, the Antilles, and Europe in the Seventeenth and Eighteenth Centuries: Renewals of Foreign Trade", in J. D. Tracy (ed.), *The Rise of Merchant Empires: Long Distance Trade in the Early Modern World 1350–1750,* Cambridge, 1990, pp. 153–173.

Butel, Paul, *L'économie française au XVII$^{e}$ siècle,* Paris, 1993.

Butel, Paul, *The Atlantic,* London and New York, 1999.

Chaudhuri, K. N., *The Trading World of Asia and the English East India Company, 1660–1760* Cambridge, 2006.

Christensen, A .E., *Dutch Trade to the Baltic about 1600: Studies in the Sound Toll Register and Dutch Shipping Records,* Copenhagen and The Hague, 1941.

Cipolla, Carlo M., *Before the Industrial Revolution: European Society and Economy, 1000–1700,* 2nd ed., New York and London, 1981.

Coleman, D. C. (ed.), *Revisions in Mercantilism,* Bungay, 1969.

Crafts, Nicholas F. R., *British Economic Growth during the Industrial Revolution,* Oxford, 1985.

Crouzet, François, *L'économie Britannique et le Blocus Continental, 1806–1813,* 2 tomes, Paris, 1958.

Crouzet, François, "Wars, Blockade, and Economic Change in Europé, 1792–1815", *Journal of Economic History,* Vol. 24, No. 4, 1964, pp. 567–588.

Crouzet, François,"Angleterre et France au XVIII$^{e}$ siècle: Essai d'analyse comparée de deux croissances économiques", *Annales Économies, Sociétés, Civilisations,* tome 21, 1966, pp. 254–291.

Crouzet, François,"Bordeaux: An Eighteenth Century Wirtschaftswunder?", in F. Crouzet, *Britain, France, and*

*International Commerce: From Louis XIV to Victoria III*, Aldershot, 1996, pp. 42–57.

Davids, Karel and L. Noordegraaf (eds.), *The Dutch Economy in the Golden Age*, Amsterdam, 1993.

Davids, Karel and Jan Lucassen (eds.), *A Miracle Mirrored: The Dutch Republic in European Perspective*, Cambridge, 1995.

Davis, Ralph, "English Foreign Trade, 1660–1700", *Economic History Review*, 2nd ser., Vol. 7, No. 2, 1954, pp. 150–166.

Davis, Ralph, "English Foreign Trade, 1700–1774", *Economic History Review*, 2nd ser., Vol. 15, No. 2, 1962, pp. 285–303.

Davis, Ralph, *The Rise of the English Shipping Industry in the Seventeenth and Eighteenth Centuries*, Newton Abbot, 1962.

Davis, Ralph, *The Rise of the Atlantic Economies*, London, 1973.

De Goey, Ferry and Jan Willem Veluwenkamp (eds.), *Entrepreneurs and Institutions in Europe and Asia 1500–2000*, Amsterdam, 2002.

De Jong, Michiel, *'Staat van Oorlog': Wapenbedrijf en militaire hervormingen in de Repubuliek der Verenigde Nederlanden, 1585–1621*, Hilversum, 2005.

De Jong, Michiel, "Dutch Entrepreneurs in the Swedish Crown Trade in copper and iron, 1580–1630", Hanno Brand (ed.), *Trade, Diplomacy and Cultural Exchange: Continuity and Change in the North Sea Area and the Baltic c. 1350–1750*, Hilversum, 2005, pp. 36–57

De Vries, Jan, "Connecting Europe and Asia: A Quantitative Analysis of Cape-route Trade, 1497–1795", in Dennis Owen Flynn, Arturo Giráldez and Richard von Glahn (eds.), *Global Connections and Monetary History, 1470–1800*, Aldershot, 2003, pp. 35–106.

De Vries, Jan and Ad van der Woude, *The First Modern Economy: Success, Failure, and Perseverance of the Dutch Economy, 1500–1815*, Cambridge, 1997.

Deane, Phyllis and W. A. Cole, *British Economic Growth, 1688–1959: Trends and Structure,* Cambridge, 1962.

Dermigny, Louis, *La Chine et l'Occident: Le commerce à Canton au XVIII$^e$ siècle: 1719–1833,* 2 tomes, Paris, 1964.

Dickson, P. G. M., *The Financial Revolution in England: A Study in the Development of Public Credit, 1688–1756,* Aldershot, 1967, rev. 1993.

Ebert, Christopher, *Between Empires: Brazilian Sugar in the Early Atlantic Economy, 1550–1630,* Leiden, 2008.

Emmer, P. C., O. Pétré-Grenouilleau and J. V. Roiman (eds.), *A Deus ex Machina Revisited: Atlantic Colonial Trade and Euopean Economic Development,* Leiden-Boston, 2006.

Evans, Chris and Göran Rydén, *Baltic Iron in the Atlantic World in the Eighteenth Century,* Leiden, 2007.

Fedorowicz, J. K., *England's Baltic Trade in the Early Seventeenth Century: A Study in Anglo Polish Commercial Dip lomacy,* Cambridge, 1980.

Fisher, Frederick Jack (edited by P. J. Corfield and N. B. Harte), *London and the English Economy, 1500–1700,* London, 1990.

Flynn, Dennis O. and Arturo Giráldez, "Born with a 'Silver Spoon': The Origin of World Trade in 1571", *Journal of World History,* Vol. 6, No. 2, 1995, pp. 201–221.

Flynn, Dennis O., Arturo Giráldez and James Sobredo (eds.), *The Pacific World: Lands, Peoples and History of the Pacific, 1500–1900,* Vol.4, *European Entry into the Pacific: Spain and the Acapulco-Manila Galleons,* Aldershot, 2001.

Flynn, Dennis O. and Arturo Giráldez, "Globalization began in 1571" in Barry K. Gills and William R. Thompson (eds.), *Globalization and Global History,* London and New York, 2006, pp. 232–247.

Freeman, Donald, *The Pacific,* London and New York, 2010.

Fritschy, J. M. F., *De patriotten en de financiën van de Bataafse Republiek: Hollands Krediet en de smalle marges voor een nieuw beleid* (*1795–1801*), Den Haag, 1988.

Fritschy, Wantje,"A'Financial Revolution' Reconsidered: Public Finance in Holland during the Dutch Revolt, 1568–1648", *Economic History Review*, 2nd ser., Vol. 56, No. 1, 2003, pp. 57–89.

Fritschy, Wantje, "Three Centuries of Urban and Provincial Public Debt: Amsterdam and Holland", in M. Boone, K. Davids and P. Janssens (eds.), *Studies in European Urban History 3 Urban Public Debts: Urban Government and the Market for Annuities in Western Europe (14th–18th Centuries)*, Turnhout, 2003, pp. 75–92.

*Gelderblom, Oscar, Zuid-Nederlandse kooplieden en de opkomst van de Amsterdamse stapelmarkt (1578–1630)*, Hilversum, 2000.

Gelderblom, Oscar, *Cities of Commerce: The Institutional Foundations of International Trade in the Low Countries, 1250–1650*, Princeton, 2013.

Gelderblom, Oscar (ed.), *The Political Economy of the Dutch Republic*, Ashgate, 2009.

Glamman, K., "European Trade, 1500–1700", in Carlo M. Cipolla (ed.), *The Fontana Economic History of Europe*, Glasgow, 1970, pp. 427–526.

Hancock, David, *Citizens of the World: London Merchants and the Integration of the British Atlantic Community, 1735–1785*, Cambridge, 1995.

Hancock, David, *Oceans of Wine: Madeira and the Emergence of American Trade and Taste*, New Haven, 2009.

Harding, Richard, Adrian Jarvis and Alston Kennerley (eds.), *British Ships in China Seas: 1700 to the Present Day*, Liverpool, 2004.

Headrick, Daniel R., *When Information Came of Age: Technologies of Knowledge in the Age of Reason and Revolution, 1700–1850*, Oxford, 2002.

Heckscher, Eli. F., *Sveriges Ekonomiska Historia från Gustav Vasa,* Tredje boken, *Det Moderna Sveriges Grundläggning 1720–1815*, Stockholm, 1949.

Heckscher, Eli F., *The Continental System: An Economic Interpretation,* Charleston, 2009.

Hendrik, Conscience, *De Koopman van Antwerpen,* Brussel, 1912.

't Hart, Marjolein, *The Making of a Bourgeois State: War, Politics, and Finance during the Dutch Revolt,* Manchester and New York, 1993.

't Hart, Marjolein, *The Dutch Wars of Independence: Warfare and Commerce in the Netherlands 1570–1680,* London and New York, 2014.

't Hart, Marjolein, Joost Jonker and Jan Luiten van Zanden (eds.), *A Financial History of the Netherlands,* Cambridge, 1997.

Howarth, David and Stephen Howarth, *The Story of P & O, Rev. Edition: The Peninsular and Oriental Steam Navigation Company,* London, 1994.

Hsia, R. Po-Chia and H. F. K. van Nierop (eds.), *Calvinism and Religious Toleration in the Dutch Golden Age,* Cambridge, 2002.

Huhn, F. K., *Die Handelsbeziehungen zwischen Frankreich und Hamburg im 18. Jahrhundert unter besonderer Berücksichtigung der Handelsverträge von 1716 und 1769,* Dissertation zur Erlangung der Doktorwürde der Philosophischen Fakultät der Unversität Hamburg, 1952.

Israel, Jonathan I., *European Jewry in the Age of Mercantilism, 1550–1750,* Oxford, 1985.

Israel, Jonathan I., *Dutch Primacy in World Trade, 1585–1740,* Oxford, 1989.

Israel, Jonathan I., *Diasporas within a Diaspora: Jews, Crypto-Jews and the World Maritime Empires (1540–1740),* Leiden, 2002.

Kagen, Richard L. and Philip D. Morgan (eds.), *Atlantic Diasporas: Jews, Conversos, and Crypto-Jews in the Age of Mercantilism, 1500–1800,* Baltimore, 2009.

Kaukiainen, Yrjö, "Shrinking the World: Improvements in the Speed of Information Transmission, c.1820–1870", in Lars U. Scholl and Merja-Liisa Hinkkanen compiled *Research in Maritime History*, No. 27, *Sail and Steam: Selected Maritime Writings of Yrjö Kaukiainen*, St. John's, 2004, pp. 231–260.

Kellenbenz, Hermann, "Sephardim an der unteren Elbe: Ihre wirtschaftliche und politische Bedeutung vom Ende des 16. bis zum Beginn des 18. Jahrhunderts", *Vierteljahrschrift für Sozial- und Wirtschaftsgeschichte*, Beihefte, Nr. 40, 1958.

Kent, H. S. K., *War and Trade in Northern Seas: Anglo-Scandinavian Economic Relations in the Mid-Eighteenth Century*, London and New York, 1973.

Killingray, David, Margarette Lincoln and Nigel Kigby (eds.), *Maritime Empires: British Imperial Maritime Trade in the Nineteenth Century*, Chippenham, 2004.

Kirby, David, *Northern Europe in the Early Modern Period: The Baltic World 1492–1772*, London and New York, 1990.

Kirkaldy, Adam Wills, *British Shipping: Its History, Organization and Importance*, New York, 1914.

Klein, Herbert S., *The Atlantic Slave Trade*, Cambridge, 1999.

Klein, Peter W., *De Trippen in de 17ᵉ eeuw: Een studie over het ondernemersgedrag op de Hollandse stapelmarkt*, Assen, 1965.

Klein, Peter W. and Jan Willem Veluwenkamp, "The Role of the Entrepreneur in the Economic Expansion of the Dutch Republic", in Karel Davids and Leo Noordegraaf (eds.), *The Dutch Economy in the Golden Age*, Amsterdam, 1993, pp. 27–53.

Koot, Christian J., *Empire at the Periphery: British Colonists, Anglo-Dutch Trade, and the Development of the British Atlantic, 1621–1713*, New York and London, 2011.

Kooy, T. P. van der, *Hollands stapelmarkt en haar verval*, Amsterdam, 1931.

Lesger, Clé,"De mythe van de Hollandse wereldstapelmarkt in de zeventiende eeuw", *NEHA- Jaarboek*, No. 62, 1999,

pp. 6–25.
Lesger, Clé, *The Rise of the Amsterdam Market and Information Exchange: Merchants, Commercial Expansion and Change in the Spatial Economy of the Low Countries, c. 1550–1630,* Aldershot, 2006.
Lesger, Clé and Leo Noordegraaf (eds.), *Entrepreneurs and Entrepreneurship in Early Modrn Times: Merchants and Industrialists within the Orbit of the Dutch Staple Market,* Den Haag, 1995.
Lesger, Clé and Eric Wijnroks, "The Spatial Organization of Trade: Antwerp Merchants and the Gateway Systems in the Baltic and the Low Countries c.1550", in Hanno Brand (ed.), *Trade, Diplomacy and Cultural Exchange: Continuity and Change in the North Sea Area and the Baltic c. 1350–1750,* Hilversum, 2005, pp. 15–35.
Lindegren, Jan, "The Swedish 'Military State', 1560–1720", *Scandinavian Journal of History,* Vol. 10, No. 4, 1985, pp. 305–336.
Lottum, Jelle van, *Across the North Sea: The Impact of the Dutch Republic on International Labour Migration, c. 1550–1850,* Amsterdam, 2007.
MacLeod, Murdo J., *Spanish Central America: A Socioeconomic History 1520–1720,* Berkeley, 1973.
Magnusson, Lars, *Sveriges Ekonomiska Historia,* Stockholm, 1996.
Marzagalli, Silvia, *Les Boulevards de la Fraude: Le négoce maritime et le Blocus continental, 1806–1813: Bordeaux, Hambourg, Livourne,* Lille, 1999.
Marzagalli, Silvia, "Establishing Transatlantic Trade Networks in Time of War: Bordeaux and the United States, 1793–1815", *Business History Review,* Vol. 79, 2005, pp. 811–844.
Marzagalli, Silvia, "American Shipping and Trade in Warfare, or the Benefits of European Conflicts for Neutral Merchants: The Experience of the Revolutionary and Napoleonic Wars",『京都産業大学経済学レビュー』創刊号、二〇一四、一―二九頁。

Marzagalli, Silvia, James R. Sofka and John J. McCusker (eds.), *Research in Maritime History*, No. 44, *Rough Waters: American Involvement with the Mediterranean in the Eighteenth and Nineteenth Centuries*, St. John's, 2010.

Mathias, Peter and Patrick K. O'Brien, "Taxation in Britain and France, 1715–1810: A Comparison of the Social and Economic Incidence of Taxes Collected for the Central Governments", *Journal of European Economic History*, Vol. 5, No. 3, 1976, pp. 601–650.

McCusker, John J.,"The Demise of Distance: The Business Press and the Origins of the Information Revolution in the Early Modern Atlantic World", *American Historical Review*, Vol. 110, No. 2, 2005, pp. 295–321.

Mokyr, Joel, *The Lever of Riches: Technological Creativity and Economic Progress*, Oxford and New York, 1992.

Mokyr, Joel, *The Gifts of Athena: Historical Origins of the Knowledge Economy*, Princeton, 2003.

Mols, Roger, "Population in Europe, 1500–1700", in Carlo M. Cipolla (ed.), *The Fontana Economic History of Europe, II*, Glasgow, 1974, pp. 15–82.

Morineau, M., "La balance du commerce franco-néerlandais et le Resserrement Économique des Provinces-Unies au XVIIIe siècle", *Economisch-Historisch Jaarboek*, Vol. 30, 1965, pp. 170–235.

Mui, Hoh-Cheung and Lorna H. Mui, "The Commutation Act and the Tea Trade in Britain 1784–1793", *Economic History Review*, 2nd ser., Vol. 16, No. 2, 1963, pp. 234–253.

Mui, Hoh-Cheung and Lorna H. Mui, "Smuggling and the British Tea Trade before 1784", *American Historical Review*, Vol. 74, No. 1, 1968, pp. 44–73.

Müller, Leos, *The Merchant Houses of Stockholm, c. 1640–1800: A Comparative Study of Early-Modern Entrepreneurial Behavior*, Uppsala, 1998.

Müller, Leos and Jari Ojala (eds.), *Information Flows: New Approaches in the Historical Study of Business Information*, Helsinki, 2007.

Müller, Leos, Philipp Robinson Rössner and Toshiaki Tamaki (eds.), *The Rise of the Atlantic Economy and the North Sea / Baltic Trades, 1500–1800*, Stuttgart, 2011.

Munro, John H. (ed.), *Money in the Pre-Industrial World: Bullion Debasements and Coin Substitutes*, London, 2012.

Murphy, Anne L., *The Origins of English Financial Markets: Investment and Speculation before the South Sea Bubble*, Cambridge, 2009.

Neal, Larry, *The Rise of Financial Capitalism: International Capital Markets in the Age of Reason*, Cambridge, 1990.

Nef, J. U., *The Rise of the British Coal Industry*, London, 1932.

Newman, K., *Anglo-Hamburg Trade in the Late Seventeenth and Early Eighteenth Centuries*, unpublished Ph. D. thesis, University of London, 1979.

Newman, K.,"Hamburg in the European Economy, 1660–1750", *Journal of European Economic History*, Vol. 14, No. 1, 1985, pp. 57–93.

Newman, S. J., *Russian Foreign Trade, 1680–1780: The British Contribution*, unpublished Ph. D. thesis, University of Edinburgh, 1985.

North, Douglass C. and Barry R. Weingast, "Constitutions and Commitment: The Evolution of Institutions Governing Public Choice in the Seventeenth-Century England", *Journal of Economic History*, Vol. 49, No. 4, 1989, pp. 803–832.

North, Michael, "Hamburg: The 'Continent's most English City'", in Michael North, *From the North Sea to the Baltic: Essays in Commercial, Monetary and Agrarian History, 1500–1800*, V, Aldershot, 1996, pp. 1–13.

O'Brien, Patrick Karl, "European Economic Development: The Contribution of the Periphery, 1492–1789", *Economic History Review*, 2nd ser., Vol. 35, No. 1, 1982, pp. 1–18.

O'Brien, Patrick Karl, "Fiscal Exceptionalism: Great Britain and its European Rivals: From Civil War to Triumph at Trafalgar and Waterloo", *Working Papers*, No. 65/01, London School of Economics, 2001.

O'Brien, Patrick Karl, "The Global Economic History of European Expansion Overseas," in V. Bulmer-Thomas, et al. (eds.), *Cambridge Economic History of Latin America*, Cambridge, 2005, pp. 7–42.

Ojala, Jari, "Approaching Europe: The Merchant Networks Between Finland and Europe During the Eighteenth and Nineteenth Centuries", *European Review of Economic History*, Vol. 1, No. 3, 1997, pp. 323–352.

Ojala, Jari, "The Problem of Information in Late Eighteenth-and Early Nineteenth-Century Shipping: A Finnish Case", *International Journal of Maritime History*, Vol. 14, No. 1, 2002, pp. 189–208.

Ormrod, David, *The Rise of Commercial Empires: England and the Netherlands in the Age of Mercantilism, 1650–1770*, Cambridge, 2003.

Ormrod W. M., M. Bonney and R. Bonney (eds.), *Crises, Revolutions and Self-Sustained Growth: Essays in European Fiscal History, 1130–1830*, Stamford, 1999.

O'Rourke, Kevin H. and Jeffrey G. Williamson, *Globalization and History: The Evolution of a Nineteenth-Century Atlantic Economy*, Cambridge, Mass. and London, 2001.

Parthasarathi, Prasannan, *Why Europe Grew Rich and Asia Did Not: Global Economic Divergence, 1600–1850*, Cambridge, 2011.

Petersson, Astrid, "Zuckersiedergewerbe und Zuckerhandel in Hamburg im Zeitraum von 1814 bis 1834: Entwicklung und Struktur zweier wichtiger Hamburger Wirtschaftszweige des vorindustriellen Zeitalters", *Vierteljahrschrift für Sozial- und Wirtschaftsgeschichte*, Beihefte, Nr. 140, 1998.

Pohl, Hans, "Die Beziehungen Hamburgs zu Spanien und dem spanischen Amerika in der Zeit von 1740 bis 1806", *Vierteljahrschrift für Sozial- und Wirtschaftsgeschichte*, Beiheft, Nr. 45, 1963.

Pollard, Sindey, *Peaceful Conquest: The Industrialization in Europe 1760–1970*, Oxford, 1981.

Polonia, Amelia, "Self-organised Networks in the First Global Age: The Jesuits in Japan", 『京都産業大学世界問題研究所

紀要』第二八巻、二〇一三年、一三三－一五八頁。

Pomeranz, Kenneth, *The Great Divergence: China, Europe, and the Making of the Modern World Economy*, Princeton, N. J., 2000.

Postma, Johannes, *The Dutch in the Atlantic Slave Trade 1600–1815*, Cambridge, 1990.

Postma, Johannes and Victor Enthoven (eds.), *Riches from Atlantic Commerce: Dutch Transatlantic Trade and Shipping, 1585–1817*, Leiden, 2003.

Pourchasse, Pierrick, *Le commerce du Nord: Les échanges commerciaux entre la France et l'Europe septentrionale au XVIII$^{e}$ siècle*, Rennes, 2006.

Pourchasse, Pierrick, "Breton Linen, Indian Textiles, American Sugar: Brittany and the Globalization of Trade in the 18th Century",『京都産業大学世界問題研究所紀要』第二八巻、二〇一三年、一五九－一六九頁。

Prakash, Om, *The Dutch East India Company and the Economy of Bengal, 1630–1720*, Princeton, 1985.

Prakash, Om, *The New Cambridge History of India: European Commercial Enterprise in Pre-Colonial India*, Cambridge, 1998.

Ramsay, G. D., *English Overseas Trade during the Centuries of Emergence: Studies in Some Modern Origins of the English-speaking World*, London, 1957.

Ramsay, G. D., *The City of London in International Politics at the Accession of Elizabeth Tudor*, Manchester, 1975.

Ramsay, G. D., *The Queen's Merchants and the Revolt of the Netherlands: The End of the Antwerp Mart*, II, Manchester, 1986.

Ribeiro da Silva, Filipa, *Dutch and Portuguese in Western Africa: Empires, Merchants and the Atlantic System 1580–1674*, Leiden, 2011.

Riello, Giorgio, *Cotton: The Fabric That Made the Modern World*, Cambridge, 2013.

Roberts, Michael, *The Military Revolution, 1560–1660*, Belfast, 1956.

Roberts, Michael, *The Swedish Imperial Experience, 1560–1718*, Cambridge, 1979.

Rössner, Philipp Robinson, “Structural Change in European Economy and Commerce, 1660–1800: Lessons from Scotland’s and Hamburg’s Overseas Trades”,『京都産業大学世界問題研究所紀要』第二七号、二〇一一年、二五―六二頁。

Russell-Wood, A. J. R., *The Portuguese Empire, 1415–1808: A World on the Move*, Baltimore, 1998.

Samuelsson, Kurt, *De Stora köpmanshusen i Stockholm 1730–1815: En Studie i den svenska handelskapitalismens historia*, Stockholm, 1951.

Samuelsson, Kurt, “International Payments and Credit Movements by the Swedish Merchant-Houses, 1730–1815”, *Scandinavian Economic History Review*, Vol. 3, No. 2, 1955, pp. 163–202.

Sandström, Åke, *Mellan Torneå och Amsterdam: En undersökning av Stockholms roll som förmedlare av varor i regional- och utrikeshandel 1600–1650*, Stockholm, 1990.

Schulte-Beerbühl, Margrit, *Deutsche Kaufleute in London: Welthandel und Einbürgerung* (*1660–1818*), München, 2007.

Schumpeter, E. B., *English Overseas Trade Statistics 1697–1808*, Oxford, 1960.

Schurz, William Lytle, *The Manila Galleon*, New York, 1959.

Souza, George Bryan, *The Survival of Empire: Portuguese Trade and Society in China and the South China Sea 1630–1754*, Cambridge, 2004.

Spooner, Frank C., *The International Economy and Monetary Movements in France, 1493–1725*, Cambridge, Mass., 1972.

Spufford, Peter, “From Antwerp and Amsterdam to London: The Decline of Financial Centres in Europe”, *De Economist*, Vol. 154, No. 2, 2006, pp. 143–175.

Steensgaard, Niels, *Carracks, Caravans and Companies: The Structural Crisis in European-Asian Trade in the Early 17th*

*Century*, Copenhagen, 1973.

Steensgaard, Niels, *The Asian Trade Revolution of the Seventeenth Century: The East India Companies and the Decline of the Caravan Trade*, Chicago, 1974.

Steensgaard, Niels, “Violence and the Rise of Capitalism: Frederic C. Lane’s Theory of Protection and Tribute”, *Review: Fernand Braudel Center*, Vol. 5, No. 2, 1981, pp. 247–273.

Stein, Robert Louis, *The French Sugar Business in the Eighteenth Century*, Baton Rouge and London, 1988.

Studnicki-Gizbert, Daviken, *A Nation Upon the Ocean Sea: Portugal’s Atlantic Diaspora and the Crisis of the Spanish Empire, 1492–1640*, Oxford, 2007.

Subrahmanyam, Sanjay, The Portuguese Empire in Asia 1500–1700, second edition, Singapore, 2012.

Tamaki Toshiaki, “‘Fiscal-Military State’, Diaspora of Merchants and Economic Development in Early Modern Northern Europe: Diffusion of Information and its Connections with Commodities”, 「グローバルヒストリーの構築とアジア世界 平成一七〜一九年度科学研究費補助金（基盤研究（B））研究成果報告書」、二〇〇八年、六九―八六頁。

Tamaki Toshiaki, “Amsterdam, London und Hamburg – A Tale of Three Cities. Niederländishce Beiträge zur europäischen Wirtschaft und zum Aufstieg des british Empire”, *Hamburger Wirtschafts-Chronik*, Neue Folge Band 7, 2007–2008, s. 61–90.

Tamaki Toshiaki, “The Baltic as a Shipping and Information Area: the Role of Amsterdam in Baltic Integration in Early Modern Europe”, *Asia Europe Journal*, Vol. 8, No 3, 2010, pp. 347–358.

Tamaki Toshiaki, “An Agenda for Constructing a World History of Information”,『大阪経大論集　奥田聡講師追悼号』第六一巻第1号、二〇一〇年、三五―四五頁。

Tielhof, Milja van, “Der Getreidehandel der Danziger Kaufleute in Amsterdam um die Mitte des 16. Jahrhundert”, *Hansische Geschichtsblätter*, Bd. 113, 1995, S. 93–110.

Tracy, James D., *A Financial Revolution in the Habsburg Netherlands: Renten and Renteniers in the County of Holland, 1515– 1565,* Berkeley, Los Angeles and London, 1985, pp. 143–175.

Tracy, James D. (ed.), *The Rise of Merchant Empires: Long Distance Trade in the Early Modern World, 1350–1750,* Cambridge, 1990.

Tracy, James D. (ed.), *The Political Economy of Merchant Empires: State Power and World Trade, 1350–1750,* Cambridge, 1991.

Trivellato, Francesca, *The Familiarity of Strangers: The Sephardic Diaspora, Livorno, and Cross-Cultural Trade in Early Modern Period,* New Haven, 2009.

Unger, W. S., "Trade through the Sound in the Seventeenth and Eighteenth Centuries", *Economic History Review,* 2nd ser., Vol. 12, No. 2, 1959, pp. 206–221.

Voss, Peter, *Bordeaux et les villes hanséatiques, 1672–1715: Contribution à l'histoire maritime de l'Europe du Nord-Ouest,* Thèse de Doctorat d'histoire, Université Michel de Montaigne-Bordeaux III, 1995, tome 1.

Voss, Peter,"A Community in Decline?: The Dutch Merchants in Bordeaux, 1650–1750", in C. Lesger and L. Noordegraaf (eds.), *Entrepreneurs and Entrepreneurship in Early Modern Times: Merchnats and Industrialists within the Orbit of the Dutch staple market,* Den Haag, 1995, pp.43–52.

Voss, Peter, "Eine Fahrt von wenig Importantz? Der hansische Handel mit Bordeaux, 1670–1715", in A. Grassmann (Hrsg.), *Niedergang oder Übergang? Zur Spätzeit der Hanse im 16. und 17. Jahrhundert,* Köln, 1998, pp. 93–138.

Wake, C. H. H., "The Changing Pattern of Europe's Pepper and Spice Imports, ca. 1400–1700", *Journal of European Economic History,* Vol. 8, No. 2, 1979, pp. 361–403.

Weber, Klaus, *Deutsche Kaufleute im Atlantikhandel 1680–1830,* München, 2004.

Welling, George Maria, *The Prize of Neutrality: Trade relations between Amsterdam and North America 1771–1817: A study in computational history*, Ph. D. thesis, Groningen University, 1998.

Wellington, Donald C., *French East India Companies: A Historical Account and Record of Trade*, New York, 2006.

Wiecker, Niels, *Der iberische Atlantikhandel: Schiffsverkehr zwischen Spanien, Portugal und Iberoamerika, 1700–1800*, Stuttgart, 2012.

Wijnroks, Eric H., *Handel tussen Rusland en de Nederlanden, 1560–1640: Een netwerkanalyse van de Antwerpse en Amsterdamse kooplieden, handelend op Rusland*, Hilversum, 2003.

Wilson, C. H., *Anglo-Dutch Commerce and Finance in the Eighteenth Century*, Cambridge, 1941 (1966).

Wilson, C. H., "Treasure and Trade Balances: The Mercantilist Problem", *Economic History Review*, 2nd ser., Vol. 2, 1949, pp. 152–161.

Wilson, C. H., "Treasure and Trade Balances: Further Evidence", *Economic History Review*, 2nd ser., Vol. 4, 1951, pp. 231–242.

Xabier, Lamikiz, *Trade and Trust in the Eighteenth-Century Atlantic World: Spanish Merchants and Their Overseas Networks*, London, 2010.

Zanden, Jan Luiten van, *The Long Road to the Industrial Revolution: The European Economy in a Global Perspective, 1000–1800*, Leiden, Boston, 2009.

## 邦文文献

秋田茂『イギリス帝国とアジア国際秩序——ヘゲモニー国家から帝国的な構造的権力へ』名古屋大学出版会、二〇〇三年。

秋田茂「グローバルヒストリーの挑戦と西洋史研究」『パブリック・ヒストリー』第五号、二〇〇八年、三四―四二頁。

秋田茂『イギリス帝国の歴史——アジアから考える』中公新書、二〇一二年。

秋田茂編著『アジアからみたグローバルヒストリー——「長期の一八世紀」から「東アジアの経済的再興」へ』ミネルヴァ書房、二〇一三年。

浅田實『商業革命と東インド貿易』法律文化社、一九八四年。

浅田實『東インド会社——巨大商業資本の盛衰』講談社現代新書、一九八九年。

安野眞幸『教会領長崎——イエズス会と日本』講談社選書メチエ、二〇一四年。

入江幸二『スウェーデン絶対王政研究——財政・軍事・バルト海帝国』知泉書館、二〇〇五年。

大石慎三郎『江戸時代』中公新書、一九七七年。

大塚久雄『社会科学の方法——ヴェーバーとマルクス』岩波新書、一九六六年。

大塚久雄『社会科学における人間』岩波新書、一九七七年。

大塚久雄『国民経済——その歴史的考察』講談社学術文庫、一九九四年。

越智武臣『近代英国の起源』ミネルヴァ書房、一九六六年。

川北稔『工業化の歴史的前提——帝国とジェントルマン』岩波書店、一九八三年。

川北稔「近世ロンドン史の二つの顔——首都から帝都へ」『日本史研究』四〇四号、一九九六年、三二—四九頁。

川北稔「『政治算術』の世界」『パブリック・ヒストリー』創刊号、二〇〇四年、一—一八頁。

川北稔『イギリス近代史講義』講談社現代新書、二〇一〇年。

川北稔（聞き手　玉木俊明）『私と西洋史研究——歴史家の役割』創元社、二〇一〇年。

菊池雄太「ハンブルクの陸上貿易——一六三〇〜一八〇六年　内陸とバルト海地方への商品流通」『社会経済史学』第七八巻二号、二〇一二年、一九七—二二一頁。

菊池雄太「近世ハンブルクのバルト海海上貿易——中継貿易都市の流通構造に関する一考察」『社会経済史学』第七九巻二号、二〇一三年、二五三—二七〇頁。

金七紀男『エンリケ航海王子——大航海時代の先駆者とその時代』刀水書房、二〇〇四年。

坂野健自「近世スウェーデンのバルト海貿易――ストックホルム『二層貿易』の盛衰」二〇一三年度京都産業大学経済学部修士論文。

坂本優一郎「18世紀のロンドン・シティとイギリス政府公債」『西洋史学』二〇〇号、二〇〇〇年、二五二―二七五頁。

塩谷清人『ダニエル・デフォーの世界』世界思想社、二〇一一年。

杉浦未樹「アムステルダムにおける商品別専門商の成長 一五八〇～一七五〇年――近世オランダの流通構造の一断面」『社会経済史学』第七〇巻一号、二〇〇四年、四九―七〇頁。

杉原薫『アジア間貿易の形成と構造』ミネルヴァ書房、一九九六年。

高橋裕史『イエズス会の世界戦略』講談社選書メチエ、二〇〇六年。

高橋裕史『武器・十字架と戦国日本――イエズス会宣教師と「対日武力征服計画」の真相』洋泉社、二〇一二年。

高橋理『ハンザ「同盟」の歴史――中世ヨーロッパの都市と商業』創元社、二〇一三年。

竹田泉『麻と綿が紡ぐイギリス産業革命――アイルランド・リネン業と大西洋市場』ミネルヴァ書房、二〇一三年。

谷川稔・北原敦・鈴木健夫・村岡健次『世界の歴史22 近代ヨーロッパの情熱と苦悩』中公文庫、二〇〇九年。

谷澤毅「ライプツィヒの通商網――ドイツ・中欧における内陸商業の展開」深沢克己編著『近代ヨーロッパの探究9 国際商業』ミネルヴァ書房、二〇〇二年、二一―四九頁。

谷澤毅『北欧商業史の研究――世界経済の形成とハンザ商業』知泉書館、二〇一一年。

玉木俊明「ヨーロッパ近代国家形成をめぐる一試論――『軍事革命』・『軍事財政国家』・『プロテスタント＝インターナショナル』」『歴史の理論と教育』九五号、一九九七年、一―一〇頁。

玉木俊明「オランダのヘゲモニー」川北稔編『知の教科書 ウォーラーステイン』講談社選書メチエ、二〇〇一年、一〇三―一二一頁。

玉木俊明『北方ヨーロッパの商業と経済 一五五〇―一八一五年』知泉書館、二〇〇八年。

玉木俊明「『情報の世界史』構築に向けて」『京都マネジメント・レビュー』第一三号、二〇〇八年、一―一七頁。

玉木俊明『近代ヨーロッパの誕生――オランダからイギリスへ』講談社選書メチエ、二〇〇九年。

玉木俊明『近代ヨーロッパの形成――商人と国家の近代世界システム』創元社、二〇一二年。

玉木俊明「近代世界システムと日本」萱野稔人編『現在知 Vol.2 日本とは何か』NHK出版、二〇一四年、二九一―三一〇頁。

玉木俊明・杉浦未樹「英蘭財政史（一五六八―一八一五）――比較史的アプローチ」『経済経営論叢』第三四巻第三号、一九九九年、三四―六〇頁。

中澤勝三『アントウェルペン国際商業の世界』同文舘、一九九三年。

西村閑也『国際金本位制とロンドン金融市場』法政大学出版局、一九八〇年。

西村閑也「英系国際銀行とアジア、一八九〇―一九一三年（二）」『経営志林』第四〇巻第四号、二〇〇四年、一―二九頁。

二宮宏之『フランス　アンシアン・レジーム論――社会的結合・権力秩序・叛乱』岩波書店、二〇〇七年。

根本聡「一六・一七世紀スウェーデンの帝国形成と商業――バルト海支配権をめぐって」『関西大学西洋史論叢』第三号、二〇〇〇年、一―一九頁。

根本聡「ストックホルムの成立と水上交通――中世期メーラレン湖地方の商業関係」『歴史学研究』第七五六号、二〇〇一年、五六―六七、七六頁。

根本聡「海峡都市ストックホルムの成立と展開――メーラレン湖とバルト海のあいだで」村井章介責任編集『シリーズ港町の世界史1　港町と海域世界』青木書店、二〇〇五年、三六五―三九七頁。

服部春彦『フランス近代貿易の生成と展開』ミネルヴァ書房、一九九二年。

服部春彦『経済史上のフランス革命・ナポレオン時代』多賀出版、二〇〇九年。

羽田正『興亡の世界史15　東インド会社とアジアの海』講談社、二〇〇七年。

平山篤子『スペイン帝国と中華帝国の邂逅――十六・十七世紀のマニラ』法政大学出版局、二〇一二年。

深沢克己『商人と更紗――近世フランス＝レヴァント貿易史研究』東京大学出版会、二〇〇七年。

深沢克己編著（望田幸男・村岡健次監修）『近代ヨーロッパの探究9 国際商業』ミネルヴァ書房、二〇〇二年。

藤井真理『フランス・インド会社と黒人奴隷貿易』九州大学出版会、二〇〇一年。

藤縄謙三『歴史の父 ヘロドトス』新潮社、一九八九年。

星名定雄『情報と通信の文化史』法政大学出版局、二〇〇六年。

堀和生『東アジア資本主義史論 I 形成・構造・展開』ミネルヴァ書房、二〇〇九年。

松井透『世界市場の形成』岩波書店、一九九一年。

松浦章『汽船の時代――近代東アジア海域』清文堂出版、二〇一三年。

松田武・秋田茂編『ヘゲモニー国家と世界システム――二〇世紀をふりかえって』山川出版社、二〇〇二年。

山本大丙「商人と『母なる貿易』――一七世紀初期のアムステルダム商人」『史観』第一五二冊、二〇〇五年、五二―七三頁。

## 邦文翻訳文献

アレン、ロバート・C著（グローバル経済史研究会訳）『なぜ豊かな国と貧しい国が生まれたのか』NTT出版、二〇一二年。

アンダーソン、ベネディクト著（白石さや・白石隆訳）『想像の共同体――ナショナリズムの起源と流行』増補版、NTT出版、一九九七年。

ウィリアムズ、エリック著（中山毅訳）『資本主義と奴隷制――ニグロ史とイギリス経済史』理論社、一九六八年。

ウォーラーステイン、イマニュエル著（川北稔訳）『近代世界システム』一～四巻、名古屋大学出版会、二〇一三年（第一巻の初訳、岩波書店、一九八一年）。

エリオット、J・H著（藤田一成訳）『スペイン帝国の興亡一四六九―一七一六』岩波書店、一九八二年。

オブライエン、パトリック著（秋田茂・玉木俊明訳）『帝国主義と工業化一四一五〜一九七四――イギリスとヨーロッパからの視点』ミネルヴァ書房、二〇〇〇年。

カーティン、フィリップ・D著（田村愛理・中堂幸政・山影進訳）『異文化間交易の世界史』NTT出版、二〇〇二年。

カービー、デヴィド、メルヤ-リーサ・ヒンカネン著（玉木俊明・牧野正憲・谷澤毅・根本聡・柏倉知秀訳）『ヨーロッパの北の海――北海・バルト海の歴史』刀水書房、二〇一一年。

クラーク、グレゴリー著（久保恵美子訳）『一〇万年の世界経済史』上・下、日経BP社、二〇〇九年。

ケイン、P・J、A・G・ホプキンズ著（竹内幸雄・秋田茂・木畑洋一・旦祐介訳）『ジェントルマン資本主義の帝国』I・II、名古屋大学出版会、一九九七年。

コリー、リンダ著（川北稔監訳）『イギリス国民の誕生』名古屋大学出版会、二〇〇〇年。

ジスベール、アンドレ、ルネ・ビュルレ著（深沢克己監修、遠藤ゆかり・塩見明子訳）『地中海の覇者ガレー船』創元社、一九九九年。

ストレンジ、スーザン著（西川潤・佐藤元彦訳）『国際政治経済学入門――国家と市場』東洋経済新報社、一九九四年。

ストレンジ、スーザン著（小林襄治訳）『カジノ資本主義』岩波現代文庫、二〇〇七年。

タールト、マーヨレイン著（玉木俊明訳）「一七世紀のオランダ――世界資本主義の中心から世界のヘゲモニー国家へ?」松田武・秋田茂編『ヘゲモニー国家と世界システム――二〇世紀をふりかえって』山川出版社、二〇〇二年、一七―七六頁。

ティールホフ、ミルヤ・ファン著（玉木俊明・山本大丙訳）『近世貿易の誕生――オランダの「母なる貿易」』知泉書館、二〇〇五年。

デフォー、ダニエル著（増田義郎訳・解説）『完訳　ロビンソン・クルーソー』中公文庫、二〇一〇年。

デブリン、キース著（原啓介訳）『世界を変えた手紙――パスカル、フェルマーと〈確率〉の誕生』岩波書店、二〇一〇年。

ノース、ダグラス・C著（竹下公視訳）『制度・制度変化・経済成果』晃洋書房、一九九四年。

ノース、ダグラス・C、ロバート・P・トマス著（速水融・穐本洋哉訳）『西欧世界の勃興――新しい経済史の試み』ミネルヴァ書房、一九九四年。

パーカー、ジェフリ著（大久保桂子訳）『長篠合戦の世界史――ヨーロッパの軍事革命の衝撃一五〇〇～一八〇〇年』同文舘、一九九五年。

ビュテル、ポール著（深沢克己・藤井真理訳）『近代世界商業とフランス経済――カリブ海からバルト海まで』同文舘、一九九七年。

ピレンヌ、アンリ著（中村宏・佐々木克巳訳）『ヨーロッパ世界の誕生――マホメットとシャルルマーニュ』創文社、一九六〇年。

ピレンヌ、アンリ他著（佐々木克巳編訳）『古代から中世へ――ピレンヌ学説とその検討』創文社、一九七五年。

フランク、アンドレ・グンダー著（山下範久訳）『リオリエント――アジア時代のグローバル・エコノミー』藤原書店、二〇〇〇年。

ブリュア、ジョン著（大久保桂子訳）『財政＝軍事国家の衝撃――戦争・カネ・イギリス国家一六八八―一七八三』名古屋大学出版会、二〇〇三年。

ブローデル、フェルナン著（村上光彦・山本淳一訳）『物質文明・経済・資本主義一五―一八世紀』全六冊、みすず書房、一九八五―一九九九年。

ブローデル、フェルナン著（浜名優美訳）『地中海　I　環境の役割』藤原書店、二〇〇四年。

ブローデル、フェルナン著（金塚貞文訳）『歴史入門』中公文庫、二〇〇九年。

ヘッドリク、ダニエル・R著（横井勝彦・渡辺昭一訳）『インヴィジブル・ウェポン――電信と情報の世界史　一八五一―一九四五』日本経済評論社、二〇一三年。

マクニール、ウィリアム・H著（高橋均訳）『戦争の世界史』上・下、中公文庫、二〇一四年。

マグヌソン、ラース著（熊谷次郎・大倉正雄訳）『重商主義――近世ヨーロッパと経済的言語の形成』知泉書館、二〇〇九年。

マグヌソン、ラース著（玉木俊明訳）『産業革命と政府――国家の見える手』知泉書館、二〇一二年。

マサイアス、ピーター著（小松芳喬監訳）『最初の工業国家――イギリス経済史　一七〇〇―一九一四年』日本評論社、一九七二年。

マン、トーマス著（渡辺源次郎訳）『外国貿易によるイングランドの財宝』東京大学出版会、一九六五年。

ミュラー、レオス著（玉木俊明・根本聡・入江幸二訳）『近世スウェーデンの貿易と商人』嵯峨野書院、二〇〇六年。

モラ、ミシェル・デュ・ジュルダン著（深沢克己訳）『ヨーロッパと海』平凡社、一九九六年。

ラークソ、セイヤ―リータ著（玉木俊明訳）『情報の世界史――外国との事業情報の伝達一八一五―一八七五』知泉書館、二〇一四年。

リード、アンソニー著（平野秀秋・田中優子訳）『大航海時代の東南アジア一四五〇―一六八〇年』全二巻、法政大学出版局、二〇〇二年。

URL
http://www.slavevoyages.org/tast/assessment/estimates.faces
http://www.soundtoll.nl/index.php/en/

# あとがき

本書の担当をしていただいた編集者の所澤淳さんとは、上京すると、よく丸の内のｏａｚｏにある丸善の喫茶店で打ち合わせをする。本書は、そのときの雑談から生まれた。雑談記念日は、二〇一三年七月二日であった。

ヨーロッパと太古から大きく関係してきた北海・バルト海・地中海、近世になって重要性を増してきた大西洋、さらに遠いところに位置するアジア諸海が、ヨーロッパ世界にどのような影響を与えてきたのかを考察するというのが、そのときの話の主旨であった。

そこでの会話をもとに、梗概を書き、編集部から出版の許可をもらい、やがてできあがったのが本書である。ところが私にはよくあることだが、予定とは内容が変わってしまった。私は自分のアイデアを人に話していくうちに内容がまとまっていくタイプであり、その内容がどんどんと変化することもある。しかも所澤さんはそのことをよくご承知であり、辛抱強く話を聞いてくださった。ころころ変わる私の一方的な話の良き聞き手であった所澤さんの忍耐なしでは、この本は誕生しなかった。

真っ先にお礼を述べなければならないのは、所澤さんである。

ヨーロッパの拡大を地理的要因から開始するのは、『地中海』を書いたフェルナン・ブローデルと、私も訳者として加わった『ヨーロッパの北の海』（刀水書房、二〇一一年）の著者の一人であるデヴィド・カービーからヒントをえた。どちらの大家もヨーロッパの拡大と直接関係した本を著したわけではないが、地理的要因を無視して歴史は語れないのも事実であろう。ブローデルは私が学部生のときに亡くなったが、カービーは、これまで何度も会って話をし、e-mailを送りあう仲である。彼の語学力、博識には本当に舌を巻く。翻訳の過程で、海事史研究における自然環境がどれほど重要かということが身にしみてわかった。さらに歴史とは、研究対象とする地域を「体感」できるほどの身近に感じることが大切なのだと知ることができた。

私の専門は近世のバルト海貿易である。日本でも人気の地中海とくらべると、世界的にもずいぶんマイナーな分野であるが、この海から資本主義が誕生したと思っている。そもそも一七世紀オランダのヘゲモニーの支柱はバルト海にあったのだから、バルト海と、その西に位置する北海が地中海を呑み込んでいくことが、ヨーロッパ経済が海を媒介として拡大していく過程であり、その逆ではない。むろん、ヨーロッパ世界拡大における、大西洋貿易の重要性はいうまでもない。これらの海が一体化していくことにより、ヨーロッパ経済が強化された。そのアイデアは、私を夢中にさせた。歴史家としての喜びを感じるときである。

近世におけるポルトガルの重要性については、アメリア・ポローニアをリーダーとするポルト大学の研究グループから多くを学んだ。私が勤務する京都産業大学は、二〇一三年にポルト大学と包括協定を結んだが、その交渉のさなかに、同大学が一〇〇ヵ国以上の大学と協定を結んでいることを知った。これほど多くの国々の大学と協定を結んだのは、ポルトガル帝国が比較的最近までつづいていたから可能になったはずであり、私はポルトガル帝国が非常に長期間にわたり帝国を維持してきたことを、この事実から直感した。ポルトガルは大航海時代の最初にだけ活躍し、その後すぐに衰退したというイメージがまちがっていたことがわかった。ポルトガルこそ最初の世界的海洋帝国であり、アジアと大西洋を結びつけた点で、世界史上非常に重要な役割を演じたことが理解できた。しかも、異文化間交易の中核でもあった。ポルトガル海洋帝国の重要性を強調したのは、このような経緯があったからだ。

異文化間交易についてはフィリップ・カーティンの有名な著作『異文化間交易の世界史』（NTT出版、二〇〇二年）がある。それ以降この分野は積極的に研究された。現在の研究としては、イェール大学のフランチェスカ・トリヴェラート、レイデン大学のカティア・アントゥーンスから多くを学んだ。この分野は、まだ日本ではあまり開拓されていないが、日本史研究においても、今後大いなる発展が見込まれる分野だと思われる。

広州からスウェーデンとフランスが輸入した茶の少なからぬ部分がスウェーデン東インド会社とフランス東インド会社の手をへてイギリスに密輸された可能性が高いことは、本文で述べた。スウェーデン東インド会社との関係については、ストックホルム大学のレオス・ミュラーの論文と本人との会話から知った。フランス東インド会社と密輸との関係は、ブレスト大学のピエリク・プルシャスから、彼のヴァンヌの自宅での会話で知った。

ヨーロッパでは、ある港が戦争などで機能不全になっても別の港が代替港として機能したことは、シルヴィア・マルザガリの研究が欧米でもおそらくもっともすぐれている。彼女はボルドーや地中海の港とアメリカ合衆国の関係をもとにして論じているが、私が調査したかぎりでも、ポーランドのダンツィヒ（グダンスク）からの穀物輸出が落ち込んだのと同年にプロイセンのケーニヒスベルクからの穀物輸出が増加する場合もあり、同じようなことは、それ以外の地域にもいえるのかもしれない。いずれにせよ、貿易史研究が、明らかに国境を越えつつある現れととらえられよう。

イギリスの例外性については、パトリック・オブライエンによって提唱されている。一八世紀のうちに、イギリスの財政・金融システムが中央集権的になったというのだ。ここでは、それ以外に大西洋貿易における綿生産と帝国内の海運業が、自国船によって担われたことを述べた。だが、欧米の歴史学界では、三つの例外性のうち、あとの二つは論じられないように思われる。イギリスは、「典型的な」先進国ではなく、「例外的な」先進国であった。

ヨーロッパはアジアに進出した。アジア経済史では、ジャンク船の役割が重要視されるが、アジアを変えたのはイギリスの蒸気船であったことが重要である。それは、京都大学の堀和生先生から教えられた。また、ロシア商人については、東北大学の塩谷昌史氏の示唆をえた。

一九世紀におけるヨーロッパ船の世界的進出については、フィンランド人のセイヤ＝リータ・ラークソの『情報の世界史』（知泉書館、二〇一四年）を翻訳しているうちに、細かなことまでわかった気がする。彼女の指導教官であったイルヨ・カウキアイネン、さらに電信の研究で名高いヨルマ・アホヴェナイネン（どちらもフィンランド人）の研究は、イギリスが構造的権力をもつにいたったプロセスを明らかにしてくれたように思う。

ムスリムの商業活動については、私が所属する国際商業史研究会で、イスラーム史を研究されている方々から、たくさんの示唆をいただいた。この場を借りて厚くお礼申し上げる。

ハンブルクの貿易については、二〇一三年度に一年間京都産業大学の特定研究員となり、現在香川大学の経済学部で教鞭をとっておられる菊池雄太氏から教えられるところが多かった。本書の図1は、菊池氏が提供してくれた。近世スウェーデンの貿易については、二〇一四年三月に京都産業大学経済学研究科の修士課程を修了した坂野健自君からの教示をえた。お二人には、とくに感謝したい。論文を読むだけではなく、直接の知り合いからナマの情報をもらい、議論することは、いつもながら、私の研究の基盤になっていると実感している。

ここにご芳名を挙げた方ばかりでなく、さまざまな歴史家の精緻な研究があって、はじめて私の書物が完成した。しかし本書が、近代世界システムと海との関係を明確に示しているかどうかは、読者の判断を待つよりほかない。かなり多くの地域を扱っているので、専門家からみれば、いくつものまちがいがあって不思議ではない。このような全体像が正しいかどうか、そのような観点からご批判を仰ぎたい。

こんにちの歴史学の危機は、ともすれば史料読解に生き甲斐を見出し、その時代がどのようにとらえられるのかという意味での全体像を出すことのない研究者が多数派となり、そのために読者の琴線に触れない研究が増産されていることにありはしないか。一次史料を読むことはたしかに楽しい。それは歴史家の醍醐味である。しかしそれと、よい研究をするということ、ましてやすぐれた歴史叙述を残すということは、まったく別物である。

非常にたくさんの一次史料を読んだと満足するのは、独りよがりにすぎないといわれても仕方あるまい。一次史料を丹念に読んだので、自分の研究に自信がもてるようになったというのは、煎じ詰めれば主観の表明であり、客観的な指標とするわけにはいかない。歴史家は、すぐれた歴史叙述を残してはじめて満足すべきである。だがこんにち、いや、昔からそうかもしれないが、「なるほど、歴史はこうみるのか」という意識を読者にもたせる歴史叙述が、どれだけあるだろうか。

歴史家が提示したいのは、研究している時代の全体像である。論文であれ著書であれ、読者が期待するものもそれと同じである。現実に歴史家が読むことができる史料は、たかがしれている。しかも、読んだ史料をすべて理解できるわけではない。たとえば私は、バルト海貿易の基本史料である『エーアソン海峡通行税台帳』(現在は、デジタルアーカイヴ化が進んでいる)を、世界中のこれまでのどの研究者よりも詳しく読んだと自負している。それと同時に、私はこの史料を使いこなせるほどの能力を備えた研究者ではないこともわかった。歴史家としての限界を、明確に自覚させられ、とても辛く感じた。博士論文となった書物を上梓して感じたのは、それらのことであった。

研究対象は、本当に果てしなく広がっており、歴史家はその一部しか汲み取ることができない。実際に読むことができる二次文献の量も、研究対象を狭めたとしても、恐ろしいほどに少ない。しかも、海外の学会で報告をすれば、私自身知らなかったが、私にとって非常に重要な論文を書いていたり、発表したことがある当人と出くわすことも稀ではない。それは、大きな喜びであるが、同時に、自分の調査能力の限界を感じる瞬間でもあるのだ。

ある特定の理論にもとづいて、いくつもの事象を説明しようとすることもある。だが、そこからこぼれ落ちる歴史事象については無視することになってしまう。さらに歴史の実相は多様性に富む。単純にいえば、史実や史料に反しない解釈であれば、どのような叙述をすることも可能である。けれどもそれでは、きわめて無節操な態度だということになろう。理論は大切だが、一つの理論に拘泥しては、解釈の幅があまりに狭まってしまう。かといって多様すぎる解釈を許してしまうなら、統一的な歴史叙述は不可能になろう。

また、たった一つの事例が、どのようにして全体像と結びつくのだろうか。一つの事例から、急いで全体の傾向に関する結論を出してはならない。ある地域間で貿易があったという史料が見つかったとしても、それがたまたま発生した事柄なのか、しばしばあったことなのかということは、じつはなかなかわからない。貿易史研究は、可能なら貿易量を計量すべきであるが、それを怠っている研究もある。貿易があった以上、それは恒常的なものだったと単純に考えてしまう研究もある。そのような研究では、本人たちの意図とはうらはらに、全体像を出すことはできないのだ。

われわれは一体、どのようにして全体像を描くのだろうか。そのための明確な方法論はおそらくあるまい。だが全体像と関係しない歴史研究など、どのような価値があるのか。現実に全体像を描いた叙述をすることこそ、歴史家に求められているものであるはずだ。歴史家に求められるべき資質として、理論と実証の適切なバランスがある。さらに何よりも重要なのは、理論化することよりも、現実に全体像が描かれていると読者が感じるような歴史書を書くことである。

本書は、それに応えるためのささやかな試みである。このような歴史の見方があるということを、私なりに示したものである。

本書によって歴史学が面白いと思う人が少しでも増えるなら、私のささやかな試みは無駄ではなくなる。それを期待しつつ結びとしたい。

二〇一四年七月　京都の烏丸三条のスターバックスにて

玉木俊明

本書に関連する研究については、以下の助成をいただいた。記して感謝の意を表す次第である。

平成二三～二五年度　日本学術振興会科学研究費　挑戦的萌芽研究　研究代表者「情報の経済史（近世～現代）」

二〇一〇～一一年度　京都産業大学総合支援　世界問題研究所「近世ハンブルグの貿易」

二〇一二～一三年度　京都産業大学総合支援　総合学術研究所「工業化における政府と国際機関の役割：近世～現代」

## ヤ



## ラ

## マ

## ナ



## ハ

## タ

## サ

## カ

# 索引

## ア

# 海《かい》洋《よう》帝《てい》国《こく》興《こう》隆《りゅう》史《し》

## ヨーロッパ・海《うみ》・近代《きんだい》世界《せかい》システム

二〇一四年一一月一〇日　第一刷発行
二〇二三年　四月　四日　第五刷発行

著者　玉《たま》木《き》俊《とし》明《あき》



発行者　鈴木章一
発行所　株式会社 講談社
東京都文京区音羽二丁目一二―二一　〒一一二―八〇〇一
電話（編集）〇三―三九四五―四九六三
（販売）〇三―五三九五―四四一五
（業務）〇三―五三九五―三六一五

装幀者　奥定泰之
本文データ制作　講談社デジタル製作
本文印刷　株式会社 新藤慶昌堂
カバー・表紙印刷　半七写真印刷工業 株式会社
製本所　大口製本印刷 株式会社



ISBN978-4-06-258590-3　Printed in Japan　N.D.C.332.06　250p　19cm

# 講談社選書メチエ　刊行の辞

書物からまったく離れて生きるのはむずかしいことです。百年ばかり昔、アンドレ・ジッドは自分にむかって「すべての書物を捨てるべし」と命じながら、パリからアフリカへ旅立ちました。旅の荷は軽くなかったようです。ひそかに書物をたずさえていたからでした。ジッドのように意地を張らず、書物とともに世界を旅して、いらなくなったら捨てていけばいいのではないでしょうか。

現代は、星の数ほどにも本の書き手が見あたります。読み手と書き手がこれほど近づきあっている時代はありません。きのうの読者が、一夜あければ著者となって、あらたな読者にめぐりあう。その読者のなかから、またあらたな著者が生まれるのです。この循環の過程で読書の質も変わっていきます。人は書き手になることで熟練の読み手になるものです。

選書メチエはこのような時代にふさわしい書物の刊行をめざしています。

フランス語でメチエは、経験によって身につく技術のことをいいます。道具を駆使しておこなう仕事のことでもあります。また、生活と直接に結びついた専門的な技能を指すこともあります。

いま地球の環境はますます複雑な変化を見せ、予測困難な状況が刻々あらわれています。

そのなかで、読者それぞれの「メチエ」を活かす一助として、本選書が役立つことを願っています。

一九九四年二月　　野間佐和子

日本語に主語はいらない　金谷武洋
テクノリテラシーとは何か　齊藤了文
どのような教育が「よい」教育か　苫野一徳
感情の政治学　吉田　徹
マーケット・デザイン　川越敏司
「社　会《コンヴィヴィアリテ》」のない国、日本　菊谷和宏
権力の空間／空間の権力　山本理顕
地図入門　今尾恵介
国際紛争を読み解く五つの視座　篠田英朗
易、風水、暦、養生、処世　水野杏紀
丸山眞男の敗北　伊東祐吏
新・中華街　山下清海
ノーベル経済学賞　根井雅弘編著
日本論　石川九楊
丸山眞男の憂鬱　橋爪大三郎
危機の政治学　牧野雅彦
主権の二千年史　正村俊之

機械カニバリズム　久保明教
暗号通貨の経済学　小島寛之
電鉄は聖地をめざす　鈴木勇一郎
日本語の焦点　日本語「標準形《スタンダード》」の歴史　野村剛史
ワイン法　蛯原健介
MMT　井上智洋
快楽としての動物保護　信岡朝子
手の倫理　伊藤亜紗
現代民主主義　思想と歴史　権左武志
やさしくない国ニッポンの政治経済学　田中世紀
物価とは何か　渡辺　努
SNS天皇論　茂木謙之介
英語の階級　新井潤美
目に見えない戦争　イヴォンヌ・ホフシュテッター　渡辺　玲訳
英語教育論争史　江利川春雄
人口の経済学　野原慎司